阳光姐姐成长信箱

高效率才有好成绩

伍美珍 编著

陕西新华出版
未来出版社
·西安·

图书在版编目（CIP）数据

高效率才有好成绩 / 伍美珍编著. -- 西安：未来出版社, 2024. 7. -- (阳光姐姐成长信箱). -- ISBN 978-7-5417-7629-8

Ⅰ. G442-49

中国国家版本馆CIP数据核字第2024AE6580号

阳 光 姐 姐 成 长 信 箱

高效率才有好成绩

GAO XIAOLV CAI YOU HAO CHENGJI

伍美珍 编著

出 品 人：李桂珍　　选题策划：马　鑫
责任编辑：雷露深　　美术编辑：许　歌
封面绘图：恒　兰　　封面设计：王星玥
内文制作：王星玥　　印制总监：宋宏伟
发行总监：何华岐　　宣传营销：贾文泓　陈　欣

出版发行：未来出版社　　社　址：西安市登高路 1388 号
电　话：029-89122930 89120516　　字　数：94 千字
印　刷：西安新华印务有限公司　　经　销：全国各地新华书店
开　本：880 mm×1230 mm 1/32　　印　张：6
版　次：2024 年 7 月第 1 版　　印　次：2024 年 7 月第 1 次印刷
书　号：ISBN 978-7-5417-7629-8　　定　价：29.80 元

人物介绍

阳光姐姐是一位喜欢小朋友、喜欢开玩笑，被好友昵称为“美美”的人；善于用键盘敲故事，用钢笔却写不出一个故事的奇怪的人；在大学课堂讲授一本正经的写作原理的人；在小学校园和孩子们笑谈轻松阅读和快乐写作的人；在杂志中充当“阳光姐姐”，为消解小朋友的烦恼出主意的人；每天电子信箱里都会堆满“小情书”，其内容大都是“阳光姐姐，我好喜欢你”这样情真意切表白的幸福的人；已出版 100 多本书的“超人”！

一个干瘦的小男生，是兔子的同桌。全校最聪明的男生。所有的搞怪语都是出自他之口。

一个爱阅读的学霸，和咪咪是好朋友。班花级美女，惜城同桌。

就是一个呆呆的胖子，像惜城说的：就是一个早熟的冬瓜。是咪咪的同桌。

聪明的小胖妞，是阿呆的同桌。当阿呆有难的时候，总是拔刀相助。

目录

1 初中生活难适应

20 成绩退步好焦虑

40 达不到考试目标怎么办

57 我不是作弊王

75 作业太多写不完

可怕的暑假生活 92

怕写作文的小班长 108

做好学生有点儿累 127

怎样做到“高效率” 148

我是“别人家的孩子” 165

“贴心小棉袄”

“最近比较烦，比较烦，比较烦，总觉得日子过得有一些极端……”唉，烦哪！我忽然觉得这首歌简直就是唱出了我的心声。

亲爱的阳光姐姐，我遇到一条人生中的“多恼河”，您且听我慢慢道来——

如果时光可以倒流，我宁愿永远做一名无忧无虑的小学生——那是我每一天都闪着光彩的幸福童年啊！真是失去了才觉得珍贵，我那无比幸福的童年一去不复返了哟。

我小时候是一个活泼开朗的女孩儿，学习

也不错，每学期都会捧回一张“三好学生”的奖状，是爸妈的骄傲。

生活中我也很自立，若是比爸妈回来得早，我写完作业还会做简单的饭菜，等爸妈一到家，他们就能马上享用我亲手烹制的“营养晚餐”。我们一家三口手牵着手散步回来，遇见刚刚出来散步的邻居们，他们总会露出无比惊叹的表情：“萱爸萱妈，咱们下班时间一样，我们这刚吃完饭，你们却已经散完步啦？”

此时，我老妈总是幸福地一把搂过我，得意地回答：“我的宝贝女儿提前给做好饭了呀。”邻居们都夸我是“贴心小棉袄”，我呢，自然是一脸得意啦。

跟您啰嗦这么多，只是想说，我之前就是那种人见人爱、花见花开的小孩。

幸福突然中断了

可是，这种幸福在去年的暑假过完后就戛然而止了。爸妈房间里的灯经常亮到半夜，他们为我能上一所好初中伤透了脑筋。妈妈头上又长出了很多根白发，她白天上班，晚上为我整理简历。我都被震撼到了，连我上幼儿园“豆豆班”时得到的一张“优秀宝宝”的奖状，妈妈都给我完好无损地保留着呢！那些大大小小的奖状、证书，摆了满满一床。妈妈一张张拍照，筛选，又一张张修图，然后放到文档里加以文字说明，哪一条说明都看得我脸红耳热——我真的如此优秀？

亲爱的阳光姐姐，“如此优秀”的我，真的如愿以偿地上了我们这里最好的初中。可最高兴的除了我爸妈，也没其他人了，因为自从进到这所学霸如云的学校，我一下子就失去了所有的快乐。

一踏进校门，迎接我的就是一场开学考。我以为，拿到初中的录取通知书就万事大吉了，我就痛快地玩了一个暑假。谁料还有这场开学考。试卷上，不仅有小学知识，还有我完全不懂的初中知识啊。成绩下来了，我的平均分才70多分，班上80名同学，我排在第79位，我羞得无地自容。真是应了那句“不怕同学是学霸，就怕学霸过暑假”。我的前后左右桌，不，排在我前面的那78位同学，他们的分数都高出我一大截，他们是怎么做到的？在小学，我还好意思自诩是学霸，可在这些精英面前我才知道自己简直弱爆了，我的自信心一下子受到了不小的打击。

烦恼事情多

烦恼的事情还在后头。班主任建立了班级微信群，把80位学生的家长拉进群里。开学考后紧接着是单元考、月考、期中考……而且老师完全不顾我们的自尊，把每一次考试成绩都制成一张表格，哪位同学进步了几名，哪位同学倒退了几名，哪位同学上课不在状态，全都做了详尽的标注，并把这些统统发到群里，以便家长及时跟踪了解自己孩子的学习情况，好督促我们上进。

爸妈也变了。他们每天把查看班级微信群当成一件非常重要的事情。虽然他们从来没有正面批评过我，但妈妈郑重地告诉我，以后不用我做晚饭了，要抓紧时间好好做功课，所有家务她全包了。

他们越是这样，我越是紧张。本以为我很拿手的作文，在考试中却写得一塌糊涂，完全找不着感觉了，连个中等分数都得不了。我在家也做妈妈给我额外买的数学卷子，可一到考试，我就紧张得答不好。

让人痛苦的是，每次考完试，班级排完名次，还要来个全年级综合排名，我们初一有11个班，而我的名次每次都被排到500名之后。学校设立的奖项可真多：前50名优秀奖，前200名鼓励奖，20名最大进步奖……而我永远是默默坐在台下看风景的那个人，心塞呀……

自从进了这所初中，我还经常怀疑自己失去了交友能力。在班上，我连一个知心朋友都没有。他们每个人都是一副急匆匆的样子，中午从食堂打了饭，急匆匆地吃完，又急匆匆地跑回教室做题。一次我扯了一下一位起身要走的学霸，友好地提醒她：“同学，你的汤还没喝呢。”你猜学霸怎么回答？她回转身，用惊奇的眼神望着我：“喝汤？你想让我一下午老去厕所吗？那得耽误多少时间，少做多少道题呀！”我听后瞬间“石化”。

不想变成学习机器

我想上进，可学霸的境界我又无法企及。班里倒是有一个经常跟我说话的同学，呃，她就是排我后头那位，她喜欢关注八卦新闻，可我压根儿对那些没有兴趣。她总跟我聊一些没影儿的事，真让人烦。想甩开她，可她偏偏总追着我说：“你的性格真好！”

回到家，妈妈总是微笑着给我端杯热水，爸爸也连忙不看我们的班级群信息，对我笑脸相迎。他们越是这样，我越觉得对不起他们。我其实一直在努力，只是这个学校里学霸太多了，让我一时无法适应。我给自己制订学习计划，让妈妈每一科都给我再额外买一套习题，还强迫自己每周练习一篇作文。可坚持了一段时间后我发现，我几乎要变成一台学习机器了。双休日，看着窗外明媚的阳光，我却不能出去玩耍一下，我的心烦透了，我实在不想成为一台学习机器！

可马上就要期末考试了，若想前进几名，根本不能松懈。我现在真的很迷茫，很烦，难道就这样过完我的初中三年吗？

亲爱的阳光姐姐，您有什么好招，能安抚一下我这颗已变得比琉璃还易碎的小心脏吗？

您忠实的小粉丝：乐萱

惜呆兔咪
圆桌会议
初中生活原来这么可怕！我都不想上初中了。
啊……难道你要永远当小学生吗？
可是我不想做一台学习机器，变成一个只会读书的书呆子！
嘿嘿，你这是在说兔子吗？
惜城，你刚刚在说我什么？

啊，我是在说，这种关于学霸的苦恼，不知道兔子你有没有什么好办法？

虽然我还没有上初中，可是乐萱的苦恼也是我担心的……

唉！原本以为小学生是世界上最可怜的生物，现在发现初中生比我们还要可怜一百倍啊！

阳光姐姐的回信

哈哈，乐萱同学，你的来信可是吓坏了惜呆兔咪四个小伙伴哟，他们现在简直把初中当成了地狱一般的存在，已经唉声叹气大半天了，恨不得能永远当个小学生呢。

在解决你的烦恼前，你先赶紧帮我想想办法，怎样安慰一下四个小伙伴吧！上初中后，虽然学习任务比小学时繁重，但有没有一些让你喜欢的地方呢？新的校园环境、新的老师同学、新的知识……我想总有一些是让你喜欢的。你在小学时每个学期都会捧回一张“三好学生”奖状，这说明你学习成绩优异，也一定是热爱学习新知识的孩子。撇开周围环境给你造成的巨大压力不谈，我相信你还是很喜欢初中生活的，对吗？

在小学里你是优等生，所以你能轻松应对各种考试，享受好成绩给你带来的自信与骄傲。到了初中后，因为身边的同学都与你同样优秀，所以你的考试排名一下子落后很多，这也是很正常的现象，不用苛责自己，要相信自己。

入校后的开学考，因为你没有提前学习初中知识，所以考试成绩不理想，这情有可原，并不能说明你“弱爆了”。频繁的月考让你不适应，变得越来越紧张，连原本拿手的作文都写不好，这也并不代表你的成绩退步了，只是因为紧张的心情影响了你的正常发挥。所以只要你努力让这种紧张的情绪缓和下来，学会为自己减压，那么你的初中学习与生活就会越来越顺利的。

你要找准自己的学习节奏，不要被别人的节奏影响。提高学习成绩靠的不仅是时间，还要讲究学习效率。与其“战战兢兢”，不如“轻轻松松”，把排名什么的暂时忘掉，为自己制订每天的作息时间表和学习计划，按照自己的学习节奏来。成绩出现一些波动要心平气和地面对，冷静地分析每一次考试：哪些是自己已经掌握了的，却没有正常发挥出来；哪些是自己知识薄弱的地方。找出没有考好的真正原因，调整学习方法，慢慢追上其他同学。

此外，尽量说服爸爸妈妈少给自己一些压力。坦诚地跟爸爸妈妈谈谈你的内心压力，告诉他们你的苦恼。学习是初中学生的主要任务，但不应该是生活的全部。劳逸结合的效果往往比“题海战术”更好。说服爸爸妈妈恢复一些曾经的家庭活动，帮助你一起适应初中生活。

每个人的成长都不是一帆风顺、轻轻松松的，总会遇到一些这样或者那样的苦恼。这些苦恼虽然看似强大，但其实都是纸老虎，当你勇敢面对，冷静地想办法对付它们时，一定可以打败它们。你有很好的学习基础，也有不错的学习方法，只要调整好心态，达成理想的学习目标不是什么难事。

成长故事袋

有这样一则寓言故事：森林里有三只蜥蜴，其中一只认为自己身上的颜色和森林里的环境一点儿也不一样。它觉得很危险，便对另两个小伙伴劝道：“我们和周围的环境格格不入，这很不安全，不如我们来改造森林吧。”说完，它就大刀阔斧地干了起来，想要把整个环境改成和它一样的颜色。

但森林这么大，改造起来谈何容易，不久，这只蜥蜴就累死了。

另一只蜥蜴害怕地说：“天哪，看来这片森林是无法改变的，但待在这儿终究不安全，我还是去其他地方生活吧。”于是这只蜥蜴便爬出了森林。不幸的是，它还没来得及找到可以居住的好地方，便因缺乏食物而饿死了。

第三只蜥蜴一直很镇静，它打量了一下四周，说：“与其改变整个森林，不如改变我自己。”说完，它就借着阳光和阴影，慢慢地将自己的肤色改变了。不一会儿，它身上的颜色就和树干的一模一样了，渐渐地隐没在森林里。这只蜥蜴就这样成了一只变色龙，从此在森林里安居繁衍。

到了一个新环境，如果我们不能改变环境，也无法逃离环境，我们最需要做的就是改变自己来适应环境。我们不仅需要有改变自己的勇气，还需要强大的自信。

从前有一位智者，他有很多很多的徒儿。有一天，他在山谷里，对着他的四十个徒儿说："信心是我们成就任何事业的关键。"

一个徒儿问他："你这话有问题，无法让我们信服。你有信心，你能让远处的那座山过来吗？能让我们站到山顶上去吗？"

智者充满信心地把头一点，说："当然可以。"然后，他对着山谷的方向，大声喊道："山，你过来。"山谷里传出了阵阵回音，但转眼间就归于平静。

人群里传来不屑的笑声。

只见智者认真地说："山不过来，那我们过去吧。"有人不相信自己的耳朵，质问智者这不是欺骗吗？

智者说："我们都知道山是不可能过来的，但我们完全可以用自己的力量站到山顶。这才是信心的作用。相信自己，可以凭借自身的努力，完成想要做到的事。"

经过大家的一番努力，智者和他的徒弟们都到达了山顶。

一位青年人拜访这位智者。青年问："我换了一个新环境，感到无措，不知该怎么办？"

智者说："我送你四句话。

"第一句：把自己当成别人。这样当你痛苦时，痛苦便减轻了；当你得意得忘乎所以时，也能很快冷静下来，找准自己的位置。

"第二句：把别人当作自己。这样你就能真心实意地同情别人的不幸，祝福别人的幸福。

"第三句：把别人当成别人。要充分尊重每个人的独立性，不要拿自己的标准去要求别人。

"最后一句：把自己当作自己。做自己的主人，学会掌握自己的人生。"

刚上初中的你可能还不太适应初中生活，不仅课业负担变重了，还换了一批新同学；老师上课的进度也加快了，你跟不上老师的节奏。所以你觉得很恐惧。看了这位智者的故事，你有没有获得些许启发呢？

毕竟你不能等着环境来适应你，“山不过来，你只能过去”。你要接受你已上初中这个现实，你所能做的只有学着适应这个环境。努力地爬山吧，你要相信你可以做到的。

成长箴言笔记本

你不能指望环境适应你，所以自己寻找方法去适应初中生活吧。被动接受不如主动争取，学会做生活的主人。

重要的不是环境，而是对环境做出的反应。

——［美］鲍勃·康克林

世上没有绝望的处境，只有对处境绝望的人。

——［美］弗洛姆

成功不在于时间、地点、环境，而在于人自己。

——［美］查尔斯·B. 劳斯

明白事理的人使自己适应世界，不明事理的人想使世界适应自己。

——［爱尔兰］萧伯纳

心灵加油站

1. 你喜欢出去旅游吗？（　）

A. 十分喜欢旅游

B. 说不上来

C. 更喜欢宅在家里

2. 如果明天是你第一次参加演讲，今晚你会（　）。

A. 做好充分准备

B. 该干啥干啥

C. 紧张到失眠

3. 养了很久的宠物突然离开了，你会（　）。

A. 难过一阵就忘记了

B. 再养一只新的

C. 一直忘不掉失去它的痛苦

结果分析　选项 A、B、C 分别对应 2 分、1 分、0 分。

0 分或 1 分，可以看出你是一个十分恋旧的人，你十分固执，不愿意接受新的事物。

2 分至 4 分，你能基本适应，不过新环境在你的定义里更像是新欢。今后遇到事情要积极面对，可不能再逃避哟！

5 分或 6 分，恭喜你，你是非常灵活、适应性很强的人，所以不论什么样的环境你都能适应，不过要保持好状态，不能骄傲自满哦。

灵活地调整自我，才能以最佳的状态融入周围变化的环境中。

苦恼来信

我也有心事儿

现在是深夜，白天的各种喧嚣都随着这浓浓的夜色睡去了。对面房间里传来哥哥轻微的鼾声，奶奶房间里也早就静悄悄了。这所偌大的房子里，只有我辗转反侧，无法安眠。

刚刚过去的期末考试，我的数学只考了66分，而我向家人隐瞒了我可怜的分数。我不想让他们失望。

我睡不着，只好拧亮台灯，爬起来翻看“阳光姐姐”系列作品。我是您的忠实粉丝，您书中的每一个故事都会让人产生共鸣，您就像一位好姐姐一样那么懂我们的心声。我终于鼓起勇气给您写这封信，我知道亲爱的阳光姐姐不仅喜欢听我们快乐的故事，也愿意倾听我们烦恼和伤心的故事。

我先跟姐姐介绍一下我家的情况吧！

因为工作关系，我的爸爸妈妈经常出差。我有一个双胞胎哥哥，我叫安然，他叫安楠。他沉默寡言，而我却伶牙俐齿，对了，就像《我的友谊褪了色》里面，江冰蟾欺负小堂哥方乐天那样，我天天以欺负安楠为乐。每天照顾我们生活起居的是已经退休的奶奶。

安楠是个乖宝宝，听爸妈的话，而且学习成绩一直很好，更气人的是，他的成绩一直很稳定，次次都是班上前三名。但我就和他完全不一样了，成绩时好时坏，而且只要成绩一退步，我就好焦虑，心里着急得不得了。

这次考试，我数学只考了66分，我觉得糟糕透了。

糟糕的成绩

今天是周六，上午妈妈和我视频，问我最近学习怎么样。

我转移话题，把镜头对准了安楠的臭袜子，给他的几双臭袜子来了个特写，还附旁白道："还是好好管管你的宝贝儿子吧。"

说完这些，我又嗲嗲地告诉妈妈："人家很忙的啦，写完作业我还要去书店买几套教辅资料，多做题才是正道呢。要不晚上我给您老写封长长的邮件来汇报如何……"

老妈这才肯关了视频，回我一句："小滑头，妈不打扰你做功课啦，乖。"

我这样做，就是不想和妈妈汇报自己糟糕的成绩，以免她担心。

我真去了书店，但我并没有买任何教辅资料，而是买了几本青春小说和美文杂志。

我躲在屋里昏天黑地地看起来，奶奶催我几遍说饭菜都凉了，我才出去胡乱吃了几口。

奶奶问我："楠楠早就做完作业了，你咋还没做完？"

奶奶又转头对安楠说："楠楠，然然不会的你教教她。"

"就她那榆木脑袋。"安楠总是对我嗤之以鼻。

我怕安楠不小心给奶奶说漏了我的分数，连忙逃离："奶奶，我饱了。不用教，我都会，自己多练几套题就可以了。"

背后是奶奶关切的声音："写一会儿记着去阳台看看花养养眼。"

"知道了。"我回答道。

但是我无时无刻不在焦虑着，我怕奶奶知道了成绩，爸爸妈妈也就会知道，这样他们肯定会很生气的。

我抄作业了

我只考了66分，有几道题还是我侥幸蒙对的，其实这张卷子上我有一多半的题都不会做。压根儿就不会做还怎么改错？而非常讽刺的是，安楠的分数恰好是我的分数的“倒数”——“倒过来的分数”，99分！既生然，何生楠？这是我此生最大的困惑。

这时候我的心里有两个小人在打架，一个白衣小人在说：“近水楼台，你找哥哥求教一下嘛！”

另一个黑衣小人连连摇头：“才不呢。本公主向来是有尊严的，尤其是在成绩面前！在安楠面前！”

最终，我也不想向安楠求教，只好到“姐妹群”里寻求帮助。哦，姐妹群就是我和班上几位要好的女生自己私建的小群，周末时互相分享一下自己的小心情，主要是用来闲聊的，偶尔也互相讨论一下作业。

“你们都还活着吗？”我问道。

姐妹就是姐妹，马上就一呼九应（我们这个群一共十个人，我是群主）。她们有的说正在吃零食，有的说正在看电视。我说你们咋那么惬意呢，看来只有我一个人在吃“学习大餐”啊！

“哪位小主肯帮本宫解析一下试卷上最后三道大题？”

不一会儿，就有人直接拍了正确答案和步骤传上来。

我开始纠结，抄还是不抄？哎呀！这么快就晚上九点啦，我还说要给老妈大人写封长信来汇报我的近况呢！我心中那个小恶魔又一次战胜了我那脆弱的意志，我把正确答案一股脑儿地抄到卷子上（其实，我已不是第一次这样做了）。

我心中充满了愧疚和罪恶感，我无比忐忑地默念：“安然，你给我记住，这是最后一次！”

内心好焦虑

搞定试卷后，我给妈妈写了封邮件。最近我的成绩下降得厉害，尤其是数学，我对它都快失去信心了。我觉得女孩子就不应该学习理科，女孩只需要精通琴棋书画，或者写写小说美文就可以了，为什么偏偏还要去学那些无聊的有理数，去解方程？

“亲爱的妈咪”，我敲下这几个肉麻的字，“奶奶安好，我和安楠也安好。”安楠当然安好了，他考了那么高的分数，哼！“妈咪，你和爸爸要注意身体，对了，你上次发来的照片又是哪个工地呀？你瞧我老爸戴着安全帽老帅了。当然还有我最亲爱的妈咪大人，您穿着工装指导他们工作更是美爆了。我现在觉得最漂亮的衣服就是工装，我现在正为实现我的工装梦而努力着。”好肉麻，我打了一个哆嗦，这样恭维老爸老妈真的好吗？

“亲爱的妈咪，我最近学习还行，我和安楠每天都能和平共处（我摁住这颗说谎的心，其实他总和我抢电脑，气死我了），在学习上互相帮助（帮个大头鬼！）……”

“只是奶奶，每天为我们增加营养。我最近又胖了一斤，呜呜……不像妈咪这么多年都保持着苗条身材……”

亲爱的阳光姐姐，我给妈妈的这封长信洋洋洒洒敲了不下2 000个字，满是对老妈老爸的各种恭维和赞美。

但其实写完信，我就失落得掉下了眼泪，我不想对爸爸妈妈撒谎，我想做个诚实的好孩子，但爸爸妈妈在外面工作，我怕他们一听说我的成绩这么差，会着急，会担心。我很担心他们的身体。

我也不知道该怎么面对爸爸妈妈，下个月，他们就要回来了，纸包不住火，一切都会真相大白的。但目前，我的学习总是进入不了状态，成绩一落千丈，我真是心急如焚啊！

亲爱的阳光姐姐，快帮帮我吧。

爱你的安然

惜呆兔咪
圆桌会议
安然的成绩退步了，她很焦虑，但她还不太努力呀。
就是呀！她还抄作业，是个“两面派”呢！

和你一样哦。
喂喂喂，我才不是呢！

安然也不是呀，虽然她在邮件里撒谎了，但她是为了让爸爸妈妈能安心工作嘛。

嗯嗯嗯……
你们的"泪点"也真是太低了。
安然这么懂事，我读了倒是觉得很感动呢。

可是，成绩这么差，爸爸妈妈回来之后安然该如何交代呢？
唉，真是一个世纪难题呀！我们还是请阳光姐姐来说说吧。

阳光姐姐的回信

亲爱的安然，你是个非常懂事的孩子。爸爸妈妈虽然没在你的身边照顾你，但是你却没有一丝抱怨，相反，你懂得顾忌他们的感受，不愿意让他们失望和担心，在汇报生活情况时，只报喜不报忧，让他们可以安心地工作。你很爱你的家人，你是他们的贴心小棉袄，是家中不可缺少的开心果。

你的成绩下降，一方面原因是你可能存在偏科的现象。你认为女孩子就不应该学习理科，这种想法是不对的。世界上有许多著名的女科学家，她们的故事家喻户晓。在你的班级里，我相信理科成绩好的女生也有一大把。理科学习可以让你的逻辑思维能力、观察能力、判断推理能力等得到训练，好好学习数学可以让你的大脑变得更聪明。生活中处处有数学，好好学习数学会让你一生受益。我希望你能明白这些，转变对理科学习的态度，有了学习兴趣，才会有学习动力，这也是提高成绩的前提条件。

成绩下降的另一个原因，是你没有分配好学习和课外阅读的时间。爱读小说不是什么坏事，相反，阅读会开阔你的眼界和思维，给你带来很多好处。不过我要提醒你的是，现阶段，你的主要任务还是学习，要把主要的精力和时间放在学习上，不要在上课的时候偷偷看小说，如果控制不了自己，那就把小说放在家里，不要带去学校。每天给自己规定一个课外阅读的时间，还要保证自己在全部学习任务完成后才能阅读课外书。

除了青春小说，你还可以尝试阅读其他种类的书。周末时可以去书店里好好逛逛，文学作品的种类非常丰富，想成为一名作家，你就不能“偏食”，要有更广阔的阅读面，知识更加丰富才可以哦。

了解了成绩下降的原因，那么你就需要“对症下药”，采取行动啦！你知道抄作业是不好的，在每次抄完作业后都会觉得内疚，可是却没有办法改变这个现象。这说明你的自控能力稍稍有些弱，你需要一个“监督员”来监督你的学习，帮你克服一些学习上的坏毛病。在我看来，你的双胞胎哥哥安楠特别适合当你的“监督员”，因为你与他朝夕相处，而且他学习自觉，可以给你做一个很好的榜样。

哈哈，我猜你看到这里一定皱着眉头，觉得请求安楠帮助那简直太没有面子啦，对不对？你们是亲兄妹哦，请求他的帮助并不是什么丢脸的事。在我的小说中，江冰蟾虽然成绩优异可是原先却很孤独，她后来的种种改变都是因为受到了堂哥方乐天的影响，方乐天给江冰蟾带来了麻烦，更带来了快乐和友情。所以，你为什么不能像江冰蟾一样，卸下自己骄傲的面具，大方地接受安楠的帮助呢？

爸爸妈妈即将回来，正如你所说，纸是包不住火的。与其忐忑不安地想要掩盖真相，不如勇敢地向爸爸妈妈坦白一切。在坦白之后，你可以将你提高成绩的决心和计划说给他们听，这样你既可以获得他们的原谅和理解，也可以听听他们给予你的一些学习方面的建议。成绩一时的退步并不是什么坏事，不用太过焦虑，只要看到存在的问题，积极做出改变和努力，成绩自然会得到提高的。

成长故事袋

一天，女儿向父亲抱怨起生活的不易，她对生活中出现的各种困苦满腹牢骚，感到沮丧和焦虑。父亲是位厨师，他平静地听完女儿的抱怨以后，将她带进了厨房。

父亲从橱柜里拿出了一根胡萝卜、一个鸡蛋和一把咖啡豆。女儿诧异地望着父亲，不知他是何用意。父亲说：“你触碰它们，感受一下。”女儿分别按了它们一下，发现它们都很硬。

父亲先把咖啡豆磨成粉，然后拿出了三个同样大小的锅，把胡萝卜、鸡蛋和咖啡粉分别放进去煮，火调成一样大小，静静地等待十分钟后，把火关闭。女儿帮助父亲，将胡萝卜和鸡蛋放进盘子里。将一锅咖啡倒入杯子中。

女儿依旧一头雾水，以为父亲要做饭。父亲微微一笑，让女儿再次感受它们一下，说出它们的变化。

女儿先按了按胡萝卜，发现它已经变软了。接着将鸡蛋壳剥开，碰了碰蛋白，发现蛋白凝固了。最后品尝了一下香醇的咖啡。

做完这些后，女儿不解地问父亲，这是想要说明什么。

父亲看着女儿，慢慢说道："这三样东西刚才是在同样的锅里，用同样的火力，在相同的时间下制成的。没煮之前，胡萝卜是坚硬的，后来变软了；鸡蛋没煮之前，是易碎的，拿放时都需小心翼翼，现在从蛋白到蛋黄都凝固了；咖啡豆刚开始也是硬的，现在它溶化在水里，变成了一杯香味扑鼻、口感浓郁的咖啡。"

父亲接着问女儿："你觉得自己是其中的哪一个？"

女儿怔怔地站在那里，不知该如何回答。

父亲解释说："你看胡萝卜，原来是坚硬的，在沸水的翻滚中变软了。鸡蛋原来被蛋壳保护，如果稍不小心，就会破裂。现在经过沸水的'洗礼'，它反而从里到外都凝固了。

那么在生活中，你遇到像沸水一样艰难的挑战时，你会像胡萝卜一样变软弱，还是像鸡蛋一样变坚强？或者你可以像那一把咖啡豆，原来也是坚硬的，但最终成为一杯香味扑鼻的咖啡，散发出美好的香气，让周围的人心情都变得更好。”

考试失利，这是正常的一件事，如果为了眼前短暂的成绩不好，而感到灰心丧气，那么这会对以后的学习百害而无一利。因此，我们应勇敢面对，不沮丧不退缩，振作起来，积极寻求解决办法，才有可能让成绩提高。面对失利，采取什么样的态度，才是最重要的，或许下面这个故事能给你一些启发。

劳德一直以来就是商界最著名的律师，从业十几年，从来没有输过。可是，这次他遇到了一件棘手的案子，一旦失败，他的委托人就会陷入倾家荡产的绝境。

尽管劳德做了充分的准备，但他还是输掉了官司。

委托人不堪重负，不能接受官司失败带来的绝境，跳楼身亡，结束了自己年轻的生命。劳德心情低落到极点，他陷入了深深的愧疚与自责中，好几个月都打不起精神，之后一连输了很多官司。

他的老友亨利想要让他振作起来，于是带他去国家船舶博物馆散心。在博物馆里，亨利在一间展览室里停下脚步，这里陈列着一艘巨大的轮船。

“嘿，劳德，你看这艘船有什么特别的地方？”

劳德心不在焉地说：“我没发现它有什么特别的地方，不过是一艘船而已。”

亨利看似漫不经心地说：“你也许难以想象，这艘船有着显赫的历史，它曾在大西洋上遭遇冰山 138 次，触礁 116 次，起火 13 次，被风暴扭断桅杆 207 次……”

亨利的话引起了劳德的注意，他睁大眼睛，觉得不可思议。

接着他听到亨利轻声说了一句：“可是它从来没有沉过，这才是它的伟大之处。”

劳德顿时愣住了，随即豁然开朗，并仔细阅读了有关这艘船的所有资料。最后，他决定把这艘船的图片以及经历介绍，贴在他的律师事务所，以此警示所有的律师和委托人：在大海中航行过的船是没有不带伤的，就算屡遭挫折，依然不屈不挠，这才是存活的秘密。

对于学生来说同样如此，虽然成绩起起伏伏，甚至遭遇严重的退步情况，但依然要坚强面对，积极在问题中寻求原因，寻找解决办法，使成绩退步成为“弯道超越”的契机。

如果你当前正好遭遇成绩上的退步，多想一想这艘船的传奇经历，说不定就能从失败的阴影中走出来。

成长箴言笔记本

成绩退步的背后，有很多原因，积极寻找自身的不足并克服，比一味焦虑要好得多。

什么叫作失败？失败是到达较佳境地的第一步。

——［美］菲里浦斯

失败也是我需要的，它和成功对我一样有价值。

——［美］爱迪生

我们关心的，不是你是否失败了，而是你对失败能否无怨。

——［美］林肯

暂时的失利，比暂时的胜利好得多。

——［阿拉伯］阿卜·法拉兹

心灵加油站

测测你的焦虑程度。

给自己定了一个目标，发现最后没有完成，你会（　　）。

A. 不断自责，陷入自我否定的情绪，焦躁不安，心情不好

B. 情绪受到影响，过一段时间会慢慢恢复

C. 烦恼一会儿，很快就好了

D. 完全不为此担心，觉得自己下次一定能做好

结果分析

选择 A： 如今你正身处焦虑之中，它会严重影响你的日常生活。如果你能以平常心对待，或许会变得更好。

选择 B： 你的焦虑还是比较深的。你很在乎别人的眼光，偏偏你又有一些不足，无法与整个环境作抗争，又改变不了目前的困境，所以日子过得“水深火热”。

选择 C： 焦虑正在慢慢逼近你，不过，它并没有伤害到你，毕竟你是一个能快速做出反应，不会听任它生根发芽的人。

选择 D： 目前你的心态还是很不错的，即使学习压力大，也不会受到太大的影响。因为你有良好的自我调节能力，睡个大觉，吃顿好吃的，都会帮助你调整过来。

测试结果只能作为参考哟！好好休息，好好吃饭，适量运动，保持好的心情，我们就能远离焦虑。

苦恼来信

我有了后妈

阳光姐姐，你知道抑郁症吗，我感觉自己快得这种病了，心中的烦恼没人倾诉，只能找你了。

我本来有一个特别幸福的家庭，可是在我读五年级的时候，爸爸妈妈离婚了。开始我不知道离婚是什么意思，当有同学告诉我，离婚就是爸爸妈妈分开了，我整个人都是昏昏沉沉的。那天我回到家，就见爸爸一个人坐在沙发上，抽着烟，感觉一下子老了很多。他看见我之后，对我说了句：“我跟你妈离婚了，从今以后你跟我生活。”

那天，我一个人坐在房间里哭了很久，也是从那天以后，我再也没见过妈妈。我像是变了一个人，整天不说话，也不像以前那么爱笑了，总是一个人独自坐在座位上，望着窗外发呆。

我以为会和爸爸一直这样生活下去，不承想在我六年级时发生了改变。那天刚从学校报完名出来，我就看到爸爸和一个阿姨有说有笑地朝我走过来，我好奇地看着他们。

“樱桃,这是陶阿姨,爸爸的朋友。”爸爸向我介绍。

我刚准备说话就被她抢先了：“你就是樱桃啊！经常听你爸爸提起你，长得真漂亮！”那个陶阿姨脸上堆满笑容。

“嗯，陶阿姨好。”出于礼貌我向她表示问候。

数学没考好

之后爸爸带陶阿姨来我们家的次数也越来越多，

每次看到她，我都刻意回避，可最终也避免不了她成为我的后妈——他们结婚了。

第一次大家在一起吃饭的时候，我毫无胃口。放下碗筷后，我就回到自己的房间，眼泪夺眶而出。

即使不愿接受，可终归要学会习惯。就这样，我和爸爸还有后妈生活在了一起,但我却越来越不开心。上了六年级后，各个科目的难度都有所增加，现在又正在学鸡兔同笼问题，本来我就不太擅长数学，结果测试没考好，我非常难过。

晚上回到家的时候，看到爸爸和后妈坐在沙发上愉快地聊天，我的心里特别不是滋味。

他们看到我回来了,连忙就不说话了。我顿时觉得，我好像是一个外人打扰了他们。这时候后妈尴尬地说："樱桃你饿了吧，我们赶紧吃饭吧。"说完便去厨房端饭菜。

突然，电话铃声响起，爸爸去接电话了。我只听到他说"是是是，我一定好好要求她，争取把成绩提上去”。我心想：坏了，是班主任打过来的。果然，爸爸放下电话后，便气势汹汹地朝我走来，说：“班主任说，你这次数学考试非常差，其他科目也有明显的退步，怎么回事？”

花更多的时间学习

爸爸皱着眉头，表情很严肃，我想到刚刚他和后妈在一起开怀大笑的样子，心里酸酸的。只好撇着嘴说：“我觉得数学越来越难了，其他科目也很难。”

饭桌上，爸爸对后妈说：“我平时工作忙，樱桃的学习我也顾不上，她这段时间退步得太厉害！”

后妈给爸爸夹了菜，又给我夹了，说：“这次考试没有考好，没关系，下次加油努力。从明天开始，樱桃的学习就交给我吧，你只管放心工作。”

“太感谢你了。”爸爸对着后妈欣慰地说道。

“说什么客气话，樱桃也是我女儿嘛。”

我使劲地用筷子鼓捣着碗，心想：我才不是你女儿呢！

吃完晚饭，我坐在房间里玩洋娃娃。后妈洗完碗，便走进我的房间，问：“樱桃，你没有作业吗？”

我很不高兴地放下洋娃娃，说：“今天的作业我在学校已经写完了。”

“那你把数学卷子拿出来，我来给你讲一下错误的题目。”后妈对我说。

其实我还是有很多题目不懂的，但我又不想听她讲，便摇摇头说：“老师已经讲过了。”

后妈似乎看穿了我的心思，问道：“你都懂了吗？下次考试如果再考不好怎么办？我看看你哪些地方没掌握，给你补补课。”

我只好拿出满是红叉叉的数学卷子递给她。她拿着卷子仔细看了一会儿说：“你的数学基础很差，今天你先早点睡觉，从明天开始，你要花更多的时间学习。”

达不到后妈的要求

我不想让她插手我学习的事情，但她却对我越来越严格，给我定了很多学习的规矩，比如每天放学回来先做两个小时的作业，再读一个小时的英语。以前我只要写完作业，就可以看电视。现在后妈说为了保护眼睛，不让我看电视了。

有一次我的英语考了 97 分，可是她要求我下次考到 98 分，因为卷子上失分的题目她给我讲过，她觉得我做错了非常不应该。但是那一次英语非常难，我的 97 分在班上已经是第一了，她依然不满意。我感到很委屈，但又不能反驳，只好忍着。之后，她对我提了更多的要求，考试成绩只能进步，不能退步，还必须考到班级前三名。

周末两天，她给我报了很多的学习辅导班。最烦的是，我喜欢钢琴的声音，但是不喜欢自己弹，而且我的手指也不长，没有弹琴的天分，她却要逼着我学，我真的是要疯了。最可恨的是，她还要扼杀我的写作兴趣，不让我写小说，只要她看到我在看小说或者写小说，就会严厉地批评我，说会耽误学习。我气得眼睛都能喷出火来。

我的成绩变得越来越差，也离后妈定的目标越来越远，而她却对我越来越严厉。

我离家出走了

那天傍晚，后妈回到家，发现我在看电视而不是写作业，气得立即把电视关了，并说我没有上进心。

其实我的作业已经写完了，而且下午体育课我跑步了，非常累，就想着回家休息一下。但她一点儿也没有体谅我，就知道骂我。我受不了，气得夺门而出。

那天晚上，我没有回家，漫无目的地走在大街上，不知道该去向何处，就像卖火柴的小女孩一样冻得瑟瑟发抖。我心里非常难过，觉得后妈对我太严厉了。在家里，我没有任何发言权，难道我不能决定自己的生活吗？

第二天早上，我发现自己是在一个店铺门口睡着了。起来后，我直接去了学校。老师把我找了过去，严厉的眼神不禁让我害怕：“你爸说你昨晚没有回家，你是怎么了？去哪了？不管发生什么事，终究要学会面对啊！”

老师说完这话就走了，我不知道我该怎么办，一天就这样稀里糊涂地过去了。下午放学的时候，爸爸看到我后急匆匆地跑过来，后妈跟在后面，她的脸上一副焦急的神情。一见到我，她就劈头盖脸一阵骂，说我太不懂事，这么小就学会离家出走了。

我强忍着泪水，心里非常难过。阳光姐姐，我不喜欢后妈，她对我的要求总是那么严格，我觉得自己又很没用，老是达不到她的要求，我觉得自己在家里已经没有办法生活下去了，我该怎么办呢？

阳光姐姐，求求你帮帮我，我真的没办法了。

痛苦的樱桃

惜呆兔咪
圆桌会议
家庭的问题导致她不开心，成绩也上不去……
樱桃好可怜啊，读得我都要哭了……呜呜呜……
咪咪，你不要哭了，樱桃还等着我们帮她想办法呢。
其实，陶阿姨也没有做什么特别坏的事，她只是对樱桃要求严了些，给樱桃造成了很大的压力。
我好害怕啊，樱桃这样下去会不会真的生病啊，我们要怎么才能帮到她呀？
嗯，其实爸爸妈妈对孩子要求高是很常见的事，只是因为樱桃和陶阿姨不是亲母女，所以她们之间有隔阂，没有好好沟通。

阳光姐姐的回信

亲爱的樱桃，好想抱一抱你，我知道你承受了很多痛苦，来自家庭的变故，来自学习上的压力。你无人可说，一个人默默承受，我很心疼你。

爸爸妈妈离婚并不是你的错，他们在感情上出现了问题，有选择自己幸福的权利。爸爸妈妈的婚姻关系虽然解除了，但是他们永远是你的父母，是你最亲爱、最可以信任的人，无论什么时候，无论遇到了什么样的烦恼，你都可以说给他们听，向他们寻求帮助，不要将他们拒于千里之外，他们永远都是爱你的。

在学习方面，陶阿姨对你的要求的确过于严格，不过换个角度看，你已经是小学高年级学生，她为你设定很高的学习目标，强迫你上兴趣班，也是出于关心你的初衷。陶阿姨希望你足够优秀，可以考上最好的中学，如果你站在她的角度来想，也许可以体谅她的心情，感受到她对你的付出。你们之间并不应该是敌对的关系，你们之间需要多多沟通。

我能从信中读出你是一个爱学习的孩子，你很想达到陶阿姨给你制定的学习目标。你付出了努力后，却没有达到预定目标时，内心一定是有挫败感的，陶阿姨并没有顾忌你的心情，粗暴地责骂你是不对的。不过人无完人，即使是大人，也经常会犯各种错误，我们需要帮助他们认识并改正自己的错误。

你可以在某天晚饭后，和爸爸、陶阿姨坐在一起好好谈一谈。谈谈你的学习状况，谈谈你的压力和内心感受，还要告诉他们你身体上出现的各种不适。关于你的学习，你可以和他们商量，要求有更多的自主权，你可以给自己设定学习目标，安排学习计划，分配学习时间。关于课外的兴趣班，也希望爸爸和陶阿姨可以尊重自己的选择，在不影响学习的情况下，请他们不要干涉你的兴趣爱好，毕竟学习是你自己的事。如果沟通起来有困难，你还可以请求老师或者爷爷奶奶的帮助，坦白告诉他们你的苦恼，请他们一起帮忙说服爸爸和陶阿姨。

在学习目标方面，我建议你不要给自己太大的压力。要根据自己的实际情况，制定切实可行的目标。将大的目标分解成一个个小目标，一次考试提高一点，这些小目标经过自身的努力，是可以一步一步达到的。这样，你学起来才会有动力和信心。

亲爱的樱桃，每个孩子在长大的过程中都会遇到许多困难和挫折，当遭遇这些时，不要害怕，你的身边有父母家人，有朋友，有老师，不要将痛苦闷在心里，要勇敢地说出来，这样大家才能帮助你。

成长故事袋

谈到最伟大的物理学家，爱因斯坦一定是绕不过去的一位。这个富有传奇色彩的人物，被认为是智商的代名词。他的相对论颠覆了人们对时间和空间的认识。

爱因斯坦出身于一个贫苦的犹太家庭，从小家庭生活很是拮据。而且小时候他的成绩并不好。所以一个正确目标的确立，对于他的成功很是重要。

他进行了自我分析：虽然文科学习成绩不是太好，但数学和物理学得比较好，自己也对这两门很有兴趣。所以大学时，爱因斯坦选择了物理作为自己的专业。

因为奋斗目标选得正确，所以他的潜能得到了充分发挥。假如当初他把目标确立在文学上，可能就不会取得像物理学如此显赫的成就。

为了不耽误自己有限的时间，爱因斯坦采用了定向选学法，即只学习与自己的研究相关的知识。在研究相对论时，他定向选学了非欧几何。如果不是为了创立相对论，他是不会学习非欧几何的。如果没有目的地胡乱学习，相对论不会这么快就立论。

他曾为自己的学习方法解释道："诚然，物理学也分成了各个领域，其中每个领域都能吞噬一个人短暂的一生。我不久便识别出最重要的东西，而把其他许多东西撇开不管。"

正是这样高效率的定向选学法，使爱因斯坦学得高效，研究得更有效率。

可贵的是，爱因斯坦不仅有自知之明，而且对自己树立的目标矢志不移。

1952 年，以色列总统魏茨曼逝世。爱因斯坦凭借着他在科学上取得的卓越成就，以及国际上崇高的声望，加上他又是犹太裔，被一致推举为下一任总统人选。爱因斯坦却婉言谢绝了，因为他觉得自己并不适合总统这个职位。

诚然，没有人可以质疑，爱因斯坦是一位成功的物理学家。他建立的相对论修正了牛顿经典力学所构建的物理世界，把时间和空间的范围扩展到了一个新的高度。但对于国家的政治工作，他没有经验，也不具备这方面的能力，所以他不太可能胜任这项重要的工作。

学习道路上，也是如此。首先你要制定一个适合自己的目标。目标不能太低，否则就没有实际意义；目标也不能太高，那样你会失去努力的动力。当你有了一个合适的学习目标，你却没有达到这个目标时，你就应该寻找原因：是这段时间学习不够努力吗？是考试时发挥得不好吗？

但无论如何，千万不要怀疑自己。要像爱因斯坦一样，向着目标矢志不移。一定要朝着这个目标继续努力，一次失败说明不了什么。本来目标就像树上的桃子，需要蹦一蹦才能摘到，既然一次蹦得不够高，那就多蹦几次。相信自己，只要努力，总能摘到那个其实离你不远的“桃子”！

成长箴言笔记本

一个适合自己的目标很重要。在目标确立以后，就要风雨兼程，不怕失败，因为你选择了远方。

在一个崇高的目标支持下，不停地工作，即使慢，也一定会获得成功。

——［美］爱因斯坦

有了长远的目标，才不会因为暂时的挫折而沮丧。

——［美］查尔斯 · C. 诺布尔

要有生活目标，一辈子的目标，一段时期的目标，一个阶段的目标，一年的目标，一个月的目标，一个星期的目标，一天的目标，一个小时的目标，一分钟的目标。

——［俄］托尔斯泰

心灵加油站

关于目标的管理

1. 先预估一下自己半小时能背多少个英语单词。

2. 背到自己所预估的个数，看看花了多长时间。

结果分析

如果时间少于半小时，说明你对目标的管理能力非常强，能在设定目标后，集中精力完成。

如果时间等于半小时，说明你对自己非常了解，能设定好目标，并轻松完成。

如果时间大于半小时，说明你不太了解自己的实际状况，无法达成所设的目标。

通过这个小游戏，你可以清楚了解自己的实力！赶快试试吧！

不管做什么事情，一定要先给自己确定个小目标哟！

“骨灰级粉丝”

亲爱的阳光姐姐，您好！我是一名12岁的男生。我看过很多您的大作和您主编的书，加起来估计有100本了！有的书我反复看了至少5遍，比如那本《猪仔头温暖之旅》，所以我是您货真价实的“骨灰级粉丝”，所以您一定要救救我啊！

我的名字叫乐乐，外婆说我的名字一点儿都不像大人物的名字，她说从来没听过哪个领导人的名字叫乐乐的，不过我妈却说，她并不希望我成为领导人，只希望我快快乐乐、健健康康地长大就好。在发生这件倒霉事儿之前，我的确一直都是开开心心的，即使考倒数第一，被我妈狠揍，我也没有哼一声，因为我是男生嘛，男生是“头可断血可流，发型不能乱”的！我才不会动不动就哭鼻子呢！可是，这件事却让我哭了很久，因为我实在是太委屈了！我相信这件事如果发生在您身上，您也会忍不住哭鼻子的！我要把让我受委屈的这件天大的事儿告诉您！我相信您不会笑话我的，您一定会理解我、相信我的，对吗？

写到这里，我的鼻子又发酸了。我是一名六年级的学生，在我们这里最好的重点小学上学，老妈为了让我能节省时间，还特意租了房子，把家搬到了学校对面。可是我的成绩却并不好……呃，其实是很差。一个月前的期中考试，我考了全班倒数第一，特别是英语，只有36分。我觉得那次考全班倒数第一也不能完全怪我，因为原先那个总考倒数第一的同学转到别的学校读书去了，所以，我只好当倒数第一了。

学渣的逆袭

其实我并不是每门课成绩都差，我的数学成绩就特别棒，偶尔也是能考正数第一的，只是英语学起来实在太让我头疼了，我看到那些单词就想睡觉，再读上两遍就真的能睡着了。老师说我英语学不好是因为我懒，好吧，我承认，但英语的确太无聊了啊，就算我勉强记住了一个单词怎么拼，晚上睡一觉，第二天起来也一定会忘记的。

不过，前两天的英语单元测试，我这个“学渣”逆袭了——从 36 分一下子进步到了 99 分！和我的同桌并列全班第一！阳光姐姐您知道吗？老师报分数时，我的心脏都快跳出嘴巴了，不是紧张，是激动！我知道我这次一定会考得不错，但没想到会这么好！我一下子从座位上跳了起来，全班同学都发出了惊讶的呼声。我抑制住了满心的激动，尽量让自己保持镇静地走上讲台，期待地看着老师，可是，老师却看都没看我一眼，只是把试卷轻飘飘地甩给了我，嗓子里似乎还不屑地轻哼了一声。

被诬蔑了

这是怎么回事？我有点儿发蒙，脑子一瞬间短路，忘了接试卷，卷子就那么轻飘飘地落到了地上。我站在原地不知如何是好，台下不知道是谁说了一声：“乐乐肯定是作弊的，他和同桌都是99分！”接着，议论声越来越大，最后居然还变成了整齐有节奏的口号：“抄的！抄的！抄的……”我慌乱不知所措地捡起试卷，在一片“抄的！抄的！抄的……”的口号声中狼狈地跑下讲台。同桌坐得笔直笔直的，斜着眼睛看了一眼我的试卷，我赶紧向她辩解：“我不是抄你的，你看你扣的一分是第二题填单词，单词拼错了；我扣一分的地方是后面的选择题……”还没等我说完，前排的女生笑嘻嘻地拿走我的试卷：“呦，作弊王，你作弊的水平很高超嘛！居然可以一分不少地抄成第一名。我来看看，你没把名字抄错吧？”

“还给我！”我恼怒地大吼一声拽回了试卷，试卷被扯成两半，我的眼泪不住地往下落。阳光姐姐，我是个从来不会哭的男生，也不想当着全班人的面这么丢脸地哭，可是不知道为什么，当时我一点儿也忍不住。老师严厉地瞪了我一眼，让我不要扰乱课堂纪律，接着就像什么事都没发生一样开始一题一题地讲解试卷了。我什么都没有听，把试卷揉成一团，扔进抽屉里，我觉得脸烫得快有 100℃，脑子里嗡嗡地乱响，自己几乎快要晕倒了。

我才不是“小偷”

阳光姐姐，全班同学和老师都不相信我，觉得我是靠作弊考的99分，您愿意相信我吗？让我告诉您这99分是如何得来的吧！期中考了倒数第一名后，老妈在离家不远的地方为我找了一个“一对一”的培训班。培训班的老师很年轻，姓陈，似乎刚刚大学毕业，但是对我很好，我故意“老陈老陈”地叫他。每天下午放学后，老陈就让我直接去他那里，辅导我写完所有作业。六点钟老妈会给我送饭吃，吃完休息一会儿，六点半开始补习英语，一直到晚上十点半我才回家。

这一个月里，每天我都是这么过的。冬天天气很冷，老妈送来的饭虽然是放在保温饭盒里，但也总是凉得很快，不过我从来没有抱怨过一句，因为我是个男子汉！老陈每天都陪我一起把书里的每一个词、每一句话背到滚瓜烂熟。就算是我前面背、后面忘，老陈也会很耐心地再陪我一起复习，反复听写、默写，直到我再也忘不掉为止。不夸张地说，这本书里每一篇学过的课文都像刻在我脑子里似的，让我倒着默写下来都没有问题！这次考试之前，我跟老陈约定要让班里的同学大吃一惊……可是，为什么我的努力换来的却是这个结果？为什么大家都不相信我呢？我虽然成绩不好，可是从来没有作过弊啊！

阳光姐姐，我真的不知道该怎么办了，不知道该如何面对班里的同学和老师，在他们的眼里，我就是一个小偷，偷别人分数的小偷。他们不愿意相信我，只会对我嘲笑、讽刺、鄙视……他们的冷言冷语就像刀子一样。我不想上学了，不想回到班上了。我也不知道该怎么跟老妈和老陈说这件事，我觉得我辜负了他们的期望。

不快乐的乐乐

惜呆兔咪圆桌会议

你怎么这么多愁善感啊！别哭了，你哭起来太难看啦！
呜呜呜……好难过啊……
我……我只是在想，要是有一天我考到了全班第一，你们却冤枉我是偷看兔子的……那我会难过得找块豆腐撞死的……
惜城，你放心，就算大家都不相信你，我也会站在你这一边的！
阿呆……你真是我的好兄弟！
那有什么啊，朋友之间本来就应该互相信任的！

说得没错!

惜城，我也会相信你的!
好感动……

因为我是不会给你机会抄到我试卷的，哈哈哈!

阳光姐姐的回信

男子汉乐乐，我要大声地对你说：我愿意相信你！相信你！相信你！重要的话说三遍，这样，你是否觉得好受一些，可以暂时放下心里的委屈，冷静下来听我说说话呢？

被同学和老师误会并不是你的错，你的努力也获得了优异的成绩作为回报，所以，你并没有辜负你妈妈和“老陈”的期望呢，相反，他们看到了你的努力，我相信他们会为你骄傲，会为你自豪的！

关于这件事，首先，我要和你谈谈“误会”是如何产生的。同学和老师误会了你，让你觉得很难过，我很理解这种滋味，并且要告诉你，几乎地球上的每个人都遭受过别人的误会，并误会过他人，这是难以避免的，我相信你也有误会别人的时候，对吗？

误会产生的原因有两点：一是不了解事情的全部真相；二是带有成见地看待问题。你的同学和老师并不知道你为了提高英语成绩，付出了比别人多几倍的时间和努力，他们不了解全部的事实真相；同学、老师与你朝夕相处的五年多时间里，你的英语成绩一直不好，所以他们很难相信你在一个月中飞速提高了成绩。这些是他们误会你的原因，是可以理解并原谅的。这也提醒你，在对待他人时，不要戴有色眼镜看人，不要片面地对别人下不好的结论。

“误会”会带来很多不好的结果，虽然同学和老师让你难受了，不过阳光姐姐却发现，你并没有因此与别人争吵，这说明你是一个文明有礼的孩子；你主动地给我写信，寻求帮助，这说明你想要通过更积极的方式解决问题，这是很明智的举动。不过我要提醒你的是，在你的身边，还有更多可以给你提供帮助的人，比如你的爸爸妈妈，你信任的陈老师，他们都是你最亲的人，会在任何时候无条件地给予你支持和帮助。你不必向他们隐瞒这件事，可以完整地告诉他们事情经过，与他们协商解决的办法。

“沟通”是解决“误会”的最好办法。如何与误会你的老师、同学做有效的沟通，是你需要和爸爸妈妈、陈老师协商的事。阳光姐姐认为，在沟通中，你需要清楚地向大家说明你付出过的努力，并且采取一些实际的措施证明你的努力。曾经有个孩子也遇到过类似的问题，他请全班同学一起为他重新出了一份试卷，并在全班同学的监考下，重新考出了一次好成绩，在事实面前，误会自然就消除了。全班同学都向他道了歉，他也原谅了大家，我相信这件事一定给他们上了生动的一课。关于信任和友谊，这些是学校的老师无法教会的，只能在成长中，你和小伙伴们一起慢慢领悟。

乐乐，我脑海中的你是个小小男子汉的模样，乐观、坚强、聪明。我很喜欢你这样的孩子，并且想告诉你，小男子汉在长成大男子汉的过程中，还需要经历许多挫折和磨难，只有当你勇敢地面对这些困难，并积极努力地克服它们时，你才会真正成长。每个人的成长都是如此，痛并快乐着。加油吧，小小男子汉！

成长故事袋

公园里有很多人在玩耍，小男孩遇见了一个小女孩。小男孩看到小女孩手上拿着糖果，糖果五颜六色的，看起来就很好吃的样子。

男孩走到女孩面前对她说：“你的糖果看起来很好吃的样子，我可以拿东西跟你交换吗？”

“好啊，你拿什么跟我换？”小女孩好奇地打量着男孩。

男孩灵机一动：“你喜欢鹅卵石吗？我有那种很大很好看的鹅卵石。不过我得回家去拿。”

“好的，你回家去拿，我在这里等你。”小女孩微微一笑。

在得到小女孩的回应之后，男孩飞快地跑起来。等他到家，看到窗台上的鹅卵石时，他却没有拿最大最好看的，而是拿了一个最小最丑的。

不一会儿，他就回来了。他们愉快地交换了彼此的东西，小男孩心满意足地品尝着美味的糖果，小女孩玩起了鹅卵石。

那个晚上，小女孩甜甜地睡了。但男孩却辗

转反侧不能入睡，因为他始终在想，是不是趁着他离开的时候，小女孩也把最好吃的糖果藏了起来呢？

男孩睡不着觉，是因为他不仅自己不诚信，还不相信别人。小女孩睡得很香，是因为她用最大的善意相信了别人。人与人交往，最真的感情其实就是彼此信任，无论是信任还是被信任，都会感到快乐和温暖。

在公元前四世纪的意大利，有个叫皮斯阿司的年轻人。他触怒了国王，被判了死刑。

皮斯阿司是个孝顺的人，他向国王请求，回家去见母亲最后一面，要为不能给她养老送终，请求母亲的宽恕。

国王同意了皮斯阿司这一请求，但提出了一个条件，必须找一个人来替皮斯阿司坐牢。如果皮斯阿司行刑前不回来，这个人就必须代替他上绞刑架。国王这个条件很是苛刻,让人冒着生命危险来成全皮斯阿司回家见母亲一面，这得是多大的信任。

如果皮斯阿司没有准时回来，等待那人的将是死路一条。不过真的有一个人站出来替皮斯阿司坐牢，那就是皮斯阿司的朋友达蒙。

达蒙住进牢房以后，皮斯阿司回家与母亲诀别。人们都静静地看着事态的发展。光阴似箭，皮斯阿司却一去不回头。眼看刑期在即，皮斯阿司也没有回来的迹象。人们一时间议论纷纷，都说达蒙信错了人，白白赔上了自己的性命。

行刑日那天，天上下起了雨，很多人冒雨来看。达蒙被推上了绞刑架。周围的人都在诅咒卑鄙的小人皮斯阿司，因为他辜负了达蒙莫大的信任。人群中也不时传来讥笑的声音，"世上真有这样的傻子，愿意替别人去死。""这么轻易相信别人，活该上绞刑架。"

行刑的时刻终于到了，追魂炮被点燃。无视人群中的骚动，此时的达蒙有一种慷慨赴死的豪情。

当绞刑架要启动时，很多人都不忍地闭上了眼睛。这时远处的人群中传来了震天的响动。皮斯阿司的呼喊声从远处传来："我回来了，我回来了！"

这真是人世间最感人的一幕，很多人都不相信自己的眼睛。等消息传到国王耳中时，国王也感到非常诧异，他亲自赶赴行刑现场，要看看他优秀的子民，并激动地赦免了皮斯阿司的罪责。

达蒙以生命做筹码信任皮斯阿司，皮斯阿司也没有辜负朋友这份深厚的信任。信任使这份友谊牢不可破，信任使这份友谊令人动容。

一位妈妈在写给女儿的信中这样说道：

亲爱的安娜，我听说你和朋友发生了矛盾，你怨恨她对你不交心。但你要记住，朋友之间彼此信任，是这个世界上最美好的事情之一。如果被信任，就会有一种崇高的感觉在心中升腾，觉得自己受到他人尊敬，自己是个值得信任、想可以托付的人。于是，你会自己尊敬自己，心地也纯洁高尚起来，会像珍惜一份至高无上的荣誉一样，珍惜他人对你的信任。仿佛若失去这样一份信任，生命就失去了一些明亮的色彩。

信任是生活园地长出的一棵常青树，站在这棵大树下，人的心灵被生命的绿意滋润着，感到心与心之间原来并不遥远，他人是这样的可亲可敬，便绝不愿意践踏这样的一份美好。

所以，对他人报以最真诚的信任吧，就像你希望别人相信你一样。

成长箴言笔记本

真诚地待人，相信别人。你会收获美好的友谊，也会发现你周围的世界变得更加纯粹、明朗。

你信任人，人才对你忠实。

——［美］爱默生

要做真正的知己，就必须互相信任。

——［俄］托尔斯泰

信任是友谊的重要空气，这种空气减少多少，友谊也会相应消失多少。

——［英］约瑟夫·鲁

以诚感人者，人亦诚而应。

——程颐

心灵加油站

你放学回到家，发现爸爸在书房上网，而电脑上登录着你的 QQ 号，你会怎么想?

A. 自己之前登录了 QQ 忘了退出，爸爸一定看了我的聊天记录。

B. 自己之前登录了 QQ 忘了退出，爸爸绝不会看我的聊天记录。

C. 一定是爸爸偷偷登录了我的 QQ，并且看了我的聊天记录。

结果分析

选择 A: 你的直觉反应是凡是对你不利的人，你就会心生厌恶，并且认为对方是个不可理喻的人。你是个不太信任他人的人。

选择 B: 你是一个可以站在对方的立场去为他人着想的人，而且很容易相信别人。

选择 C: 你是个疑心病很重的人，有一点儿风吹草动，你就会认为别人对你有什么不当的企图。

你真城地对待他人，他人也会真诚地对待你。

学霸也有烦恼

亲爱的阳光姐姐：

你好！我是你的铁杆“粉丝”，就是铁得不得了的那种。你的每本书我都有买哟，每本书我都至少看了两遍，细节你随便提问，我都能对答如流。

我家里的书都可以办个“阳光姐姐系列”小型读书会了。来到我的书房，放眼望去，满眼都是“阳光姐姐”。我对你的书的热爱程度不亚于“老鼠爱大米”。

我喜欢你的文字，喜欢感受你文字中的快

乐与幽默，我也因此成了一个快乐的女孩。在我的字典中，似乎找不到“难过”这个词。正因为你的文字的熏陶，我才能够像向日葵一样，面朝阳光，笑对世界，快乐生活。

可是最近，我如彩虹般绚烂的生活被蒙上了一层淡淡的雾纱，我被“烦恼”这个大恶魔给缠住了。这个烦恼无时无刻不困扰着我，它不仅使我身心疲惫，还使我做事不专一，不断想着如何消除它，也因此惹下了不少的麻烦。我真希望这个烦恼能够早早远离我，让我摆脱这个“恶魔”，重新回到正常的生活轨道。

我的烦恼听起来可能就像是炫耀一般，炫耀自己的幸福，但是它确实困扰着我的生活。我成绩还可以，勉强算得上是个优等生，别人一口一个“学霸”地叫，虽然说满足了我小小的虚荣心，但是付出的代价可实在是大呀！

“培优班”的折磨

学校为我们这帮优等生着想，专门设了一个“培优班”，好让我们都考出好成绩，上理想的初中，也为学校取得一些荣誉。但是进了培优班，每天都会有比其他班的同学多一倍的作业，每天早读课和下午的第三节、第四节课都要进行培优，课程不是英语就是语文，当然还有数学，难道“音体美”就不用培训吗？

这些课常常听得我们头昏脑涨，不知东西南北。做奥数试卷时总觉得自己智商“欠费”，得赶快“充值”，不然要“停机”了；做英语试卷时，感觉自己仿佛来到了一个奇妙的国度；做语文试卷时，我怀疑自己并不是地道的中国人。

培优占据了大量的时间，但其他课程依旧要上，我只能减少和朋友们相处、玩耍的时间。

时间问题还是可以理解的，毕竟这是为了我们好，不然的话怎么变得更优秀呢？怎么成为优等生呢？怎么上好初中呢？怎么能有更好的、前途无量的未来呢？

但是培优却让我们有了比其他同学多了一倍的作业。一般在我们培优的时候，其他同学都在教室里做家庭作业，而我们不但要做同样的家庭作业，还要比他们多做一些，每天都顶着“熊猫眼”去上学。

每一次从培优班回来的时候，我就像外星人入侵地球一样，搞不懂同学们在聊什么。贸然加入了课堂，思维根本和他们不在同一个频道上，感觉自己好像生活在20世纪，整个人如脱线了一般，总是要想很久，才能回过神来，转到同学们的思维频道。

恐怖的“考试噩梦”

更恐怖的是“考试噩梦”。在星期五上午，我们考了数学，那是和大家一起考的，是本分之内的事情，我也毫无怨言。

而那个下午，让我永远铭记，这会在我的人生画卷上留下浓重而又黑暗的一笔。相信几十年后我想起来，仍会毛骨悚然，鸡皮疙瘩掉一地。毕竟平时放松惯了，突然把脑袋里的一根筋绷紧也是不可能的吧！付出的艰辛更不可以用秤称，而我们做到了。

我认为，我们“培优班”该改名为“超人班”。在那个黑色的下午，我们所谓的“优等生”在两个小时内考完了三门功课。要是换作平时，两小时恐怕只够考完语文吧！这一次考试我应该是将体内的洪荒之力发挥到了极致，也可能是我上辈子无名英雄做多了，积了无数次的德，才有了这一次能够两小时完成三张试卷的回报。

英语的四篇阅读理解中，能认识的恐怕就只有字母了；数学则是一张奥数试卷，我们在“天文数字”中奋力潜游，希望到达“生”的彼岸；语文科目包含了三篇阅读分析、一篇600字作文。

做完英语试卷，我的爱国情绪前所未有地高涨；做完数学试卷，我的脑袋成了不定时的炸弹；而做完语文试卷，我已生无可恋。

这次考试是为了淘汰一半人，留下的一半参加基地班的考试。在妈妈的命令下，我必须如战士一般，坚守到最后，否则会名落孙山。不是有句话叫“站得越高，摔得越痛”吗？或者说我已是“骑虎难下”。

阳光姐姐，你尝试过面对从未见过的英语单词还能心平气和地在那一一排除，一一选择最佳答案吗？你尝试过面对超大的数学卷子，不顾时间的紧迫，淡然地算出正确答案吗？你尝试过20分钟写一篇600字的作文吗？这几张试卷充分说明：我一定不是凡人。

就算不是凡人，我也希望能有一番神奇际遇而化身成奥特曼，动感超人也可以，或者是铠甲勇士。总之，赐予我超能力吧！我快撑不住了！

宙斯啊，赫拉啊，雅典娜啊，阿波罗啊！Please help me！（请帮帮我吧！）伟大、美丽、聪慧的阳光姐姐，你能解救我这个被压于“作业与压力”五指山下的“孙悟空”吗？

您的超级粉丝：紫瑶瑶

惜呆兔咪 圆桌会议

哇，这个超人班听起来好厉害的样子！
那叫“培优班”啦，又叫“重点班”“尖子班”等等，名称很多的，好多学校都有。
唉！可惜我们学校没有……
兔子，你想上这种“培优班”吗？
听说这种班里，都是最好的学生和最好的老师，而且大部分同学都能考上重点中学。
可是如果你上了培优班，我们说不定就要分开了。
而且压力那么大，你真的受得了吗？
是啊，好纠结啊……

阳光姐姐的回信

很高兴认识你哟，收到小书迷的来信我总是特别开心。虽然这是一封写满烦恼的信件，不过不用着急，做几次深呼吸，缓解了焦躁的情绪后，我们一起来想想办法。

能考进“培优班”是一件很厉害的事，你的学校为了集中培养成绩优异的学生而建立了培优班，对你们提出了更高的要求，这是可以理解的。因为培优班同学的基础较好，起点较高，所以老师的教学进度可能更快一些，教学的内容也不仅仅是基础的书本知识，还有书本以外的延伸。这就是为什么普通班的同学是以基础知识为主，而你们在学习和考试中却会接触到许多高难度题目的原因。

正是因为老师对你们提出了更高的要求，所以你也要积极做出改变来适应。作业比以前多了，那么你得努力提高自我管理能力和学习效率，像对待考试一样对待平时的作业，按照考试的时间来给自己规定完成每项作业的时间。在写作业时，避开一切干扰，集中精力，不在写作业时吃零食、玩手机，不在写作业时翻看课外书或者溜去看电视、玩电脑。

在写作业时保持考试时的状态，这样训练自己，你就会发现自己写作业和学习的效率变高了。

关于你的“考试噩梦”，我想其实也没有那么可怕。在英语试卷上遇到没有见过的英语单词其实是很正常的现象，你没有见过的生词，别的同学可能也没有见过。在考试中遇到它们时，你一定要心平气和，通过阅读上下文，猜出这个生词的意思。有时候，即使你知道这个生词的含义，也没办法准确猜出它的意思，你也可能发现，它对你写出正确答案的影响没有那么大。所以，考试时保持良好心态十分重要。

面对超大的数学试卷，在时间紧迫的条件下，你要学会做出取舍。按照先易后难的顺序来答题，有十足把握的题目确保全部拿分，不要因为时间不够来不及做，也不要因为马虎而失了分。比较难的题目也要分步解题，尽量写出自己能解出的步骤来。

至于 20 分钟写出 600 字的作文，我想老师对你们提出这个要求的目的是，希望你们平时多多积累素材，多多练笔。考试作文试题的类型无非是那几种，平时积累得多了，在考试时，无论遇到什么样的题目，都能信心满满，有话可写。这样，在遇到真正重要的考试时，才能不慌不忙，游刃有余。

在学习中遇到其他不适应的地方，也可以多和同学、老师沟通交流。与同学交换学习方法和心得，这可以促使你们共同进步；多与老师沟通，可以听到一些好的建议和方法。同样，你给老师反馈的信息，也能让老师注意调整教学方法，帮助你更好地适应新的学习环境。

应试能力也是综合能力的一部分，不要带着偏见去排斥它、否定它。“培优班”固然给你带来了更多的压力，但是只要你能调整好心态，你会在这种压力之下，锻炼出自己的各种能力，执行力、时间管理能力、分析和解决问题的能力等都会得到锻炼和提升，而这些能力在你将来的学习、生活和工作中，都会给你带来很多的益处。

成长故事袋

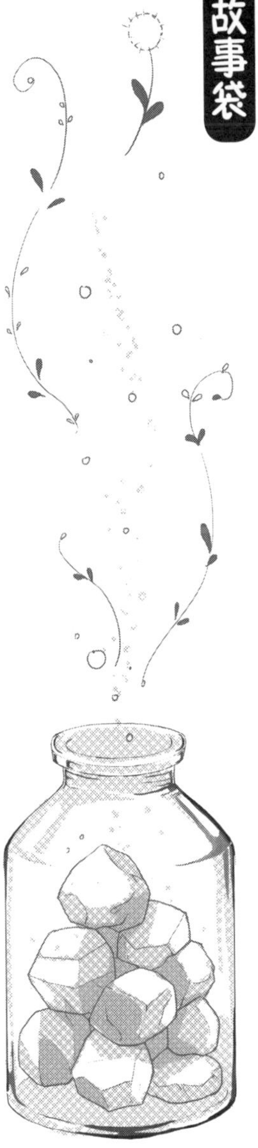

每天都有学生过来找班主任抱怨：“老师布置的作业太多了，我根本没有时间去写。”

班主任在经过调查后发现，作业量是不小，但还不至于写不完。主要原因在于个别学生每天都把大量的时间花在玩闹上。于是，经过深思熟虑，这位班主任决定给学生们上一堂课。在课上，他说：“今天我们一起做个小实验。”说着，他就拿出一个高高的玻璃瓶子放在讲台上。

学生们都露出期待的眼神。只见班主任拿出很多大石块，并仔仔细细地将这些石块慢慢地放进玻璃瓶子，直到石块堆到瓶口的位置，一块也放不下了。

班主任问道：“同学们，这个玻璃瓶子满了吗？”

“满了！”所有的学生大声回答。

“真的吗？”班主任笑着反问道。在

学生们不解的目光中，他又从讲台下拿出一袋碎石子，并将这些碎石子倒进瓶子。摇一摇，晃一晃，碎石子沿着大石块的空隙落进去，很快就灌到了瓶口。

“现在呢？你们说，瓶子满了吗？”班主任看着学生们。

“满了！满了！”大部分同学一齐大声回答。但一些人犹豫地说：“也许还没有吧！”

班主任没有解释，又拿出了一桶沙子。学生们顿时恍然大悟，连忙说：“没有满！没有满！沙子还可以倒进去！”

“没错！”班主任笑着将这些沙子灌满瓶子，然后他问道，“告诉我，现在瓶子满了吗？”

“肯定没有！”班上有男生自信且大声地吼道。

班主任终于露出了赞许的笑容，说：“孺子可教也。”他拿出了一大杯水，灌进了瓶子，直到水漫到瓶口。

“现在呢？瓶子满了吗？”班主任的声音在教室里响起。

“呃……”学生们不敢心急地作答，全都努力地在想这个瓶子还能放进去什么。

“收起你们的小脑瓜吧，现在这个瓶子的确不能再装什么了，搬这些东西来，就已经把我累个半死了，我什么也没有了！”

班上顿时哄堂大笑。

紧接着，班主任又说道：“你们谁能告诉我，从这次实验里学到了什么？”

这时一位成绩很好的男生急忙举手发言：“这个例子告诉我们，时间就像海绵里的水，挤挤总会有的，无论我们多忙，逼自己一下，就可以做更多的事情。”

男生在同学们赞叹且羡慕的目光中坐下，觉得自己的回答非常完美。班主任点了点头说：“你说得很对，当事情多了的时候，我们的确可以挤出时间来做事情。但今天我要说的不是这个，而是关于对时间的管理。”

讲到这里，班主任故意停顿了一下，环顾着班上的学生：“想一想，如果我先放水，再放沙子，最后我还能将碎石子和大石块放进瓶子里吗？那么作业也同样如此，你们不仅仅要挤出时间来写，更重要的，是要学会如何安排时间。”

聪明的人都懂得珍惜时间，利用时间，高效地安排时间。面对同样多的作业，如何才能更快地写完它，也许威尔的故事能给你一些启发。

美国有一个著名的推销员叫威尔，他是整个行业的销售冠军。同样多的时间里，他总是能比其他人谈更多的单子。大家将他视为销售界的传奇。

有人很好奇，他的时间都是如何来的？大家都是勤勤恳恳地在干活，又没有偷懒，为什么销售额总是没他高？

跟他一起工作的人都知道他的秘密，那就是“黄金三分钟”的习惯。

在工作的时候，他都会先说出一句口头禅，那就是“我的发言只有三分钟”。在面对自己的客户时，他更是如此。

威尔从不多说废话，为客户介绍产品时，为了不耽误双方的时间，让客户愿意给自己一个介绍的机会，更为了提高工作效率，他通常只说三分钟。

这三分钟内容，全部围绕着重点讲，客户听起来很轻松。

效率高造就了威尔的惊人业绩，很快他就拥有了一家属于自己的公司。并且他将自己的做法带到公司，在公司里挂上一个巨大的钟表，每当三分钟一到，钟表就会发出“当当当”的警告声，以此提醒他的员工，应该谈完一份单子了。

这样惊人的效率让客户惊讶之余，也感到钦佩。对他们报以很大的信任，总是很快地就做出合作的决定。所以威尔公司的业绩也稳居行业第一。

同学们对待作业也可以采用威尔的策略，要学会有效地安排时间。

与其抱怨作业太多写不完，不如试着制订一张学习计划表，合理规划：什么时间写数学作业，什么时间写语文作业……而且专心致志，按时完成。

这样作业肯定能完成得又快又好，你要不要试试呢？

成长箴言笔记本

与其抱怨作业太多，不如立刻行动起来。学会合理安排时间，比费尽心思挤时间更重要。

合理安排时间，就等于节约时间。

——［英］培根

利用时间是一个极其高级的规律。

——［德］恩格斯

普通人只想到如何度过时间，有才能的人设法利用时间。

——［德］叔本华

心·灵加油站

1. 沙漏游戏

捏一把沙子，让它们从指缝中穿过，感受沙子流过指缝的感觉，时间也是这样悄悄溜走的!

很快吧?

2. 感受一分钟的时间有多长

请在一分钟内阅读一篇五六百字的文章。

请在一分钟内跑 400 米。

请在一分钟内朗读 70 个英语单词。

都完成了吗？是不是觉得一分钟可以做好多事情?

3. 做时间的主人

请根据自己的学习情况，把每天要完成的事情详细地记录下来，或填在表格里，规划好每个时间段要做的事情。

是不是觉得时间够用了？快去做好合理的时间规划吧!

珍惜时间首先要合理安排自己的时间哟!

苦恼来信

泡汤的旅游计划

阳光姐姐，我是李佳怿，我有个非常非常烦的烦恼要告诉你（我的烦恼只能说给你听，不能说给妈妈听，因为我怕妈妈又要说我不用功）。

这个暑假，因为妈妈的一句话，我去大连旅游的完美计划泡汤了！

从去年开始，我就一直在期待今年的暑假！爷爷奶奶春节的时候就跟我说，今年暑假他们要带我去大连旅游呢！

我的好朋友欣心去过大连，她跟我说，大

连有好多好玩的地方，有大海、沙滩，还有海洋世界！她跟我说，一定要去圣亚海洋世界，不然就亏大了，因为那里真的太好玩了！她说，在海洋世界能看到超级搞笑的海豚表演、海狮表演，还能看到海象跳迈克尔·杰克逊的舞蹈呢！

欣心说她那次看完表演后，还去走了一遍海底通道，她说那是她去过的最好玩的地方，再走一百次都不过瘾！她说海底通道是由特殊材料制成的（放心，很结实），人从通道中走过，就能看到整个海底！在海底通道，你能看到好多好多鱼，还有数不清的珊瑚。最刺激的是，她上次去的时候还看到了大鲨鱼！她说还有好多小鱼贴在大鲨鱼背上，它们居然都不怕被吃掉，好神奇！

听了欣心的话，我真想马上就去大连。我也想去摸一摸海豚，它们的皮肤滑滑的，摸起来肯定很舒服。我还想去海里游泳，那绝对比在“绿色”的游泳池里游泳爽多了！还有，我还要捡一点海草和贝壳，放在我家的鱼缸里。我想，我的小金鱼一定会非常喜欢的。我好几次都梦到自己已经到了大连，在梦里我还尝了一下海水，是那种咸咸的味道，跟海苔的味道有点儿像，特别赞！这让我更想赶紧去大连了。

恐怖的培训班

好不容易，暑假终于来了，我终于要去大连了！

那天拿了成绩单，一回家我就给爷爷奶奶打了电话，问他们什么时候带我出去玩。

可是我话还没说完，妈妈就从厨房跑了过来，一下抢走了我的电话，对爷爷奶奶说："佳佳这次期末考试考得很差！这丫头，玩儿野了，这个暑假得好好管管她了！出去玩的事情，等她写完作业再说吧！"

我当时就哭了，我怎么就考得很差了？我除了数学没考好，语文和英语都是班上前五名啊！而且我的暑假作业那么多，我什么时候才能写完啊。妈妈还给我报了辅导班，那我还要去上课，等我写完作业，肯定都要开学了！妈妈就是不想让我出去玩！

我越想越委屈，跑进卧室，把门反锁了，躺在床上一直哭，午饭都没吃。可是妈妈都没有管我，还让我下午制订好暑假的学习计划，晚上就开始写作业。

更倒霉的是，后来我才知道，这个暑假，妈妈一口气给我报了五个培训班！语文作文班、奥数班、新概念英语班、书法班和钢琴班！而且她之前压根儿都没问过我的意见，她根本不在乎我想不想去！

这下好了，明明是暑假，我却每天都要早起，因为上课的地方离我家很远，所以我起得比上学的时候还要早！

最可怕的是礼拜三，我上午上完奥数班，下午就要去方老师家练琴，晚上回家还要弹一遍给妈妈听，弹完了还要写作业……

梦里去看海

我真的感觉好累好累，我觉得我比大人还要累。大人白天上班，晚上就能回家看电视了，可是我白天去上课，晚上还要回家练琴、写作业、背书……

有时候我在房间里写作业，听到爸爸妈妈在客厅里看电视，我心里真的很难过。我才上小学四年级，我不知道我什么时候才能“解放”……我现在真的有书里说的“度日如年”的感觉。

阳光姐姐，自从我上了四年级，作业就变得好多，不写完作业妈妈就不让我玩。可是好不容易写完了，就该上床睡觉了，根本没时间玩。

以前我也挺喜欢练琴的，因为以前妈妈都由着我，想弹什么就弹什么，可是现在她只让我弹考级曲目，她说考级结束后才能把流行歌曲钢琴谱还给我。

最近我真的好郁闷，没时间上网、看电视，还不能弹我喜欢的曲子……

完了，这个暑假我肯定去不了大连了，不知道下个暑假还能不能去……唉，我感觉我只能在梦里见到大海了……

昨天我在辅导班问了好多小伙伴，他们补的课都没我多，而且他们的妈妈都好好，放假会带他们出去玩，不像我妈妈，只会让我不停地学习。

我好想好想好想……（此处有无数个“好想”）去海边，为什么妈妈就不能理解我呢？她小时候难道不想去看看大海吗？

我还希望这个世界上所有的爸爸妈妈都能对他们的孩子好一点儿，不要总是对他们的孩子那么凶。

以后我要是有了小孩，肯定不会逼他们去做不喜欢的事情。不过，我还有好多年才能变成大人，唉，我还是先继续忍受我妈妈的压迫吧……

倒霉又可怜的李佳怿

惜呆兔咪圆桌会议
看完这封信，我只想说，我也好想去大连啊！有海的地方就有海鲜，海鲜是我的最爱……
你这个大吃货，看看你啦，三句话离不开吃的！
哈哈，没错！虽然我也觉得海鲜的味道真是棒……
两位吃货，我们的重点是李佳怿的烦恼。快想想怎么帮她解决烦恼吧！
唉，其实说真的，我也不知道该怎么办，因为这也是我的烦恼啊！虽然我不用补五门课那么恐怖，但是我也在补课啊……而且补课老师还布置作业！
我也补过，不过我觉得补课还挺好玩的，我作文班的老师和同学都超级搞笑。
其实我觉得学习也没有那么烦恼啦，我只有做不出来题目的时候才觉得烦恼，不过我每次稍微动动我聪明的大脑就立刻做出来啦，哈哈！
哟，某些人又开始吹牛了……

不过，我觉得李佳怿的烦恼主要来自她的妈妈，感觉她的妈妈好严厉哟，比我们语文老师还要严……
是啊是啊，我妈妈要是这样，我肯定早就崩溃了！
其实我老妈也要求我写完作业才能出去玩。有次国庆假期我先出去玩了，然后回来狂补作业，我的妈呀，那天晚上补得我都要吐血了，而且老妈就看着我写，根本不帮我……从那以后我再也不敢这么玩了，太痛苦了！
我觉得李佳怿可以跟她妈妈说一下，就说她最近太累了，她妈妈应该会理解她吧！
对呀，阳光姐姐说过，我们要学会沟通嘛！

阳光姐姐的回信

好心疼佳怿哟，妈妈对你真的好严厉呀，而且她眼里只有学习嘛。

要我说，成绩确实重要，它能给你带来更多的选择人生的机会——比如上一个好的学校，接触更优秀的人。

但同时，成绩只是我们生活中的一个元素而已。眼里只有成绩的人，是很可悲的。我喜欢那些眼界开阔的孩子：他们读过各种各样的书，被爸爸妈妈带着去了许多地方，在他们的头脑里，有一个很大很大的世界，他们对事情有自己的思考，对万物有细腻的情感，他们懂得享受快乐，也知道如何面对困难……这样睿智的孩子，成绩往往不会差。

偏偏是那些只知道学习的人，到头来除了学习，脑袋里没有其他东西了。他们不知道自己喜欢什么，甚至不知道自己需要什么……

要我说，童年中的轻松，绝对是一笔财富。而你的妈妈，正在剥夺你的这笔财富。

但是让人头疼的是，妈妈的这种思想确实很难改变。对你来说，要改变现状确实是有点儿难呢。

作文班、奥数班、英语班，如果你的语数英成绩都还不错，再上这些补习班毫无必要，还可能毁掉你对学习的耐心和兴趣，希望妈妈能明白这一点。从你的来信中看，你只是数学稍弱。那么，或许你可以跟妈妈协商，如果你的成绩，特别是数学成绩有进步，她就要给你“减负”。接下来，就看你能不能努力达成目标啦。

“拔苗助长”的故事，大家都知道，只是，各位家长是不是已经忘掉这个寓言的教训了呢？你的妈妈显然在拔苗助长，但愿你不要在妈妈的作用下，变成一台学习机器。

家长对孩子的约束要有，但一定得是正确的约束。给孩子钉上许多不合理的条条框框，这种约束只能打负分，而在为人做事上言传身教，并严格要求孩子，这种家长才能获得高分。

成长故事袋

大森林里住着小熊一家四口。有熊爸爸、熊妈妈，还有小熊哥哥和小熊妹妹。但是呢，熊爸爸是一个脾气暴躁的爸爸，熊妈妈是一个没有耐心的妈妈。

有一天，熊爸爸怒气冲冲地跑到客厅，大声吼道："谁拿了我的报纸？"这时候，他发现小熊哥哥手里拿着他的报纸，于是他很生气地将报纸一把夺了过去，训斥道："你拿了我的报纸，为什么不跟我说，害得我找了好久！"然后就坐在椅子上看起报纸来。小熊哥哥心里觉得特别委屈，就向妈妈诉苦："我又不知道他要看报纸，谁惹到他了呢？"

小熊妹妹在和她的好朋友琳琳打电话，已经打了一个小时了。妈妈很生气，不停地埋怨道："你有什么话要说这么长的时间，还不赶紧挂电话！"小熊妹妹只好无奈地和琳琳说："我们明天再聊吧，拜拜！”小熊妹妹向爸爸不解地问道：“我只是想和我的好朋友说说心里话。妈妈为什么要生气呢？”

晚上吃饭的时候，小熊哥哥给小熊妹妹讲了一个笑话，这个笑话可搞笑了，他俩哈哈大笑起来。爸爸妈妈都很生气，大声吼着，让他们快点吃饭，不要玩了。吃完饭以后，熊妈妈给小熊哥哥收拾书包，发现里面有一张学校的通知单，上面的日期都已经是一个星期前了。原来小熊哥哥忘记交给家长了。爸爸妈妈大发雷霆，把小熊哥哥骂了一顿。小熊妹妹想看电视，不想先去写作业，爸爸妈妈再次大发雷霆，把小熊妹妹训斥了一番。

就这样，熊爸爸、熊妈妈和两个孩子的关系变得很糟糕。

周五的时候，学校里需要每个同学表演一个节目。小熊哥哥和小熊妹妹一组，他们绞尽脑汁：表演什么好呢？

小熊哥哥突然灵机一动：“有了！我们就把和爸爸妈妈的冲突搬上舞台，表演一个短剧吧。”

“好呀好呀！”小熊妹妹鼓掌赞同。

同时他们也得到了爷爷奶奶的支持，爷爷奶奶帮他们准备了一些服装和道具。小熊哥哥演熊爸爸，小熊妹妹演熊妈妈。

周五的演出非常成功。小熊哥哥学着熊爸爸发火，小熊妹妹学着熊妈妈皱眉。他们幽默诙谐的表演，不仅让台下的观众哈哈大笑，也让一些家长陷入了沉思。

此时，熊爸爸和熊妈妈就坐在台下，从中得到了启示。熊爸爸反思说：“以后有什么事情，我们可以跟两个孩子好好地沟通，不能再跟他们发火了。”熊妈妈赞同道：“之前我们做得不对，我们应该跟两个孩子好好地交流。”

晚上，小熊哥哥和小熊妹妹回到家，发现爸爸妈妈竟然穿上了他们俩的服装。兄妹俩惊讶地张大了嘴巴，问这是怎么回事。熊爸爸提议说：“我们来交换位置吧。你们俩当父母，我们俩做孩子。这样我们就能体会到对方的感受了。”

“好呀好呀！”小熊哥哥和小熊妹妹也觉得这个方法特别好。于是小熊妹妹围上了围裙，去厨房做饭。小熊哥哥去帮她切菜。但是，他们手忙脚乱了半天也没做好，还将厨房弄得一团糟，心情也变得非常差。

熊爸爸和熊妈妈拿出作业本写起了作业。但写作业好枯燥啊，没一会儿，熊爸爸就不想写了，他想：还是看报纸更有趣一些！熊妈妈坚持了一会儿，也写不下去了，她想：还是做家务更轻松一些！这时候，他们听到厨房传来“啪”的一声，赶紧放下手中的笔去厨房，一看才发现兄妹俩不小心把盘子给摔了，再一看，厨房变得乱糟糟的，水池里堵了很多垃圾，锅里的菜烧焦了。

小熊哥哥和小熊妹妹红着脸，惭愧地说：“爸爸妈妈，我们不知道原来做饭这么辛苦，以后我们再也不淘气啦！”

熊爸爸和熊妈妈摸摸两个孩子的头，说：“我们以后也不对你们发火了。”就这样，他们都体会到了彼此的不易，也更加明白了如何做才是更好的。

我们和父母的关系就是这样，成长的道路上，他们可能会严厉地对待我们，甚至双方会发生激烈的冲突，但只要我们互相理解对方，也就更能体会对方的爱。

成长箴言笔记本

父母是孩子成长之旅的领路人，旅途中可能会出现一些小摩擦，但是没什么会比父母与孩子在这段旅途中共同成长更重要啦。

对于孩子来说，有如营养般重要的双亲的爱，有时苦似良药的严格和无限宽宏的理解都有利于孩子的成长。

——［日］池田大作

爱是理解的别名。

——［印度］泰戈尔

每件事都应站到对方的立场上想一想，这是达到谅解的最有效的方法。

——［印度］甘地

心灵加油站

测测你和父母的关系好不好。

1. 你会主动和父母说学校里发生的事情吗？（　）

A. 每天都会说

B. 偶尔说

C. 从来不说

2. 枯树因春雨长出叶子，随着秋天的来到，秋风把叶子带走了。在这个故事中你愿意扮演哪个角色？（　）

A. 枯树　B. 春雨　C. 秋风

3. 你和父母去旅游，你会怎样表现？（　）

A. 一路上和父母开心地分享新鲜好玩的事情

B. 偶尔和父母聊天，更多的是自己寻找好玩的事情

C. 不想和父母待在一起，更愿意一个人去玩

结果分析

第一题： 选A代表你和父母很亲密；选B说明你其实不太依赖父母；选C说明最近你可能和父母出现了一点小误会。

第二题： 选A说明你很懂父母的爱；选B说明你愿意为了父母付出；选C说明你有一点自我哟，不愿意理解父母。

第三题： 选A代表你很享受和父母在一起的时光；选B代表你不是很在乎父母的感受；选C代表其实你和父母不是很亲密。

父母是我们这一生中最重要的人，一定要好好爱他们哟！

苦恼来信

就怕写作文

伍美珍姐姐，你小时候一定是个学霸吧！听说，你从小写作文就很棒，这是我同桌从《阳光姐姐小时候》里面读到的。哎呀，难怪你现在是个作家，原来才华都是从小就有的啊！经过几十年的累积，“才华火山”肯定要喷发喽！

我就不一样了……我觉得吧，我真的是很没有写作的才华，难道这就是传说中的“没天赋”？哦不！我不会一辈子都写不出好文章吧！那我可就惨了！我可才上小学四年级啊！你知道吗，我的成绩总体来说很不错，还是班长，我也不怕考试，不怕老师，不怕做演讲，唯独就怕写作文！

每次面对作文本，我的大脑就像没有信号的电视机——一片空白！

让我印象深刻的是上学期我们班春游之后……唉，你懂的，每次春游完，老师都要布置一篇作文让我们写。我真是绞尽脑汁，笔头都咬烂了，好不容易回想起那天我们都玩了些啥。于是，我很认真地一件件写起来："早上，我起得比平时都早，因为今天要去春游！班上包了大巴车，把我们拉到城郊，看自然风光……正是春天，油菜花开得特别旺盛，一排接一排，一片接一片，都是黄澄澄的，好漂亮啊……鑫鑫是我们班的摄影达人，他把爸爸的相机带来了，拍了好多照片，连班主任王老师都拉着他，要他给自己照相……中午的时候，我们是在附近的一个古镇上吃的，古镇上还有制作糖人的老师傅，我买了一个'奔腾的马'……"

迷上写小说

大概就是这样一篇作文吧。结果，我被老师骂得狗血淋头啊，老师说，我写的完全就是流水账，一个好词好句都没有！

可是我也没办法啊！你知道平时在家里，我写作文的时候是怎样的情景吗？我端坐在桌子前，妈妈坐在旁边，一点一点地教我想，想这个题目应该怎么写。她说一句，我想一句；她说三句，我想一段……我和妈妈都说，每到我写作文的时候，就是我们俩受刑的时候哇！

这可咋整呢？别人不来提点我，我的脑子里就空空的，什么都没有，所以每次我做作业都要做到晚上十点左右。这里面有很大一部分时间是花在写作文上了！

对了，我们班有很多人都喜欢你写的书，我自然也不例外啦，你的书我爱不释手，读上好多遍才肯罢休。老师经常说“读书破万卷，下笔如有神”，可是我那么爱读书，怎么作文水平就是没有进步呢？！这不科学呀！

我知道，阳光家族出了好多小说，好厉害呀！有的小说都有几万字呢！看到别人的作品一篇一篇地被收录到书里，我也有写小说的冲动了。

我可不只是说说，我真的兴致勃勃地写了自己的小说，还写了三章呢！可是，我的第一个读者（也就是我的同桌）读完之后，毫不留情地说："你这个小说呀，比人家的差远了。语句是很好玩，可是看了半天，你要写些啥，我都没看出来呀。要是你去投稿，肯定会惨遭淘汰！我劝你呀，别想了！"

当作家会饿死吗

呜呜呜，好伤心啊，她这几句话，顿时把我的小说打入了冷宫！但是我可是打不死的小强！我又拿去给妈妈看了。

妈妈看完，竟然说："宝宝，你写作文都那么费劲，写小说只会更差的。"

“写小说？我们家谁要写小说？”我爸爸听到动静，也过来插一嘴，“糖宝，你要写小说啊？算了吧，难道你还想当作家？”

我有点不好意思地说：“阳光姐姐召集了好多小作家呢，人家写得可好了，我……我作文是写得不好，但是……但是梦想还是要有的嘛！万一实现了呢？”

我爸爸狂笑起来：“哈哈哈哈哈！还‘万一实现了呢’，就算万一，也万一不到你头上来啊！再说了，作家有什么好当的，作家要写出名很难，你当作家，是要饿死的！”

唉，你看，他们都这么说了，我能怎么办呢？

我后来发现，大人好像都不太相信我们以后能成为作家。我们班上有好多人都在写小说，结果有个马大哈，把写小说的本子错当成作业本交上去啦！而且她居然跟语文老师招供，说大家都在暗地里当“小说家”。

幸好，我们的语文老师并不凶，她只是稍微说了一下我们，她说：“你们看看，世界上有几个大作家？中国有几个大作家？能当作家的人，都是文字功夫登峰造极的人，还轮不到你们呢。”

所以，我只能放下笔，眼睁睁地看着别人的作品被采用，心中那叫一个羡慕啊……

伍美珍姐姐，你能告诉我这是为什么吗？是不是我真的没天赋啊？

其实我特别希望，有一天梦里，有个神仙降临，助我一臂之力，告诉我一点点写作的技巧！说不定我就从此打通了任督二脉，文思泉涌，那我的人生可就没有遗憾了！咳咳，不知道你会不会成为这个神仙呢？

天灵灵，地灵灵，我啊，别无所求，只希望我能有那么一点点文采，足够写小说，不惧怕写作文，就OK啦！

爱你的糖宝

惜呆兔咪
圆桌会议
天灵灵地灵灵，希望有个神仙降临我的梦境，给我指点迷津，让我才华横溢……
嘘——兔子，你用这个词不好吧，你难道是在说糖宝也是痴人说梦？
各位亲爱的读者，惜城正在示范一个词语：痴人说梦。
NO！作文写不好，只要肯努力，是有办法的，但惜城想一步登天，才华横溢，那就不可能了。
哦？有什么办法？说实话，我的作文水平也……很一般，如果有什么好的培训班，我愿意和糖宝一起去上。
如果我说不用培训班也可能写好作文呢？
那你可能会被培训班的老师打。

阳光姐姐的回信

哈哈哈！先容我大笑三声！

笑什么？因为我突然觉得，作家被老师说得好了不起！

名垂千古、世界闻名的作家，确实是非常了不起，也非常稀少的。但是，因为这个理由就给作家罩上闪闪的光环，其实也没必要啦。

说得简单一点儿，作家是善于写文字，也以写文字为工作的人。大人们觉得小孩子想当作家不靠谱，无非是觉得他们年纪还小，写不出什么优秀的作品。

那么，如果一个孩子从小热爱写作，一直坚持，等到他长大，会怎么样？

他真的有可能以写文字为生，成为作家啊！

至于说作家都要饿死，这是瞎说嘛，阳光姐姐怎么没受饿挨冻？

很多人都觉得从事文学方面的工作不赚钱，这是一种误会和偏见。事实上，不管做什么工作，只要你足够出色，足够努力，都会得到回报。

你的困惑，估计是很多孩子共有的——说好的“读书破万卷，下笔如有神”呢？怎么到了自己身上就不灵了？

因为呀，你们忽略了中间一个重要的过程，这个过程在这句名言中并没有说出来，它就是——勤练笔。

写好作文和小说的秘诀说起来很简单：多看，多想，多写。可是这里面的学问大着呢。

首先说到阅读。读书从来不是为了让你积累好词好句，而是要去体验文字间营造出的氛围，文字中倾诉的情感，文字中设计的情节……所以，广泛阅读的孩子，文字感觉会比较好。

多想，就是要多思考。你习惯了在别人的指点下写作文，总是跟着别人的思路走，自己都不会思考了。其实，不如放轻松点，别把写作文想得那么可怕。你看，你虽然写不好作文，可是你在给阳光姐姐讲自己的故事时，就写得很好。你还原了大家的对话，你会说俏皮话，你有你的幽默。这些都是你卸下心理压力，真实地表达出来的文字，其实写作文也可以这样。

第一步，让我们从细节入手吧。细节，是让你的作文不再像记流水账的重要法宝，而精彩的细节，是需要你认真观察才能看到的。就拿你那篇春游的作文来说吧，班主任王老师摆姿势拍照时，有没有扭来扭去地摆pose？这个细节写进去，说不定很有意思。制作糖人的师傅是怎么把黏黏的糖汁变成作品的？这个详细的过程写进去，一定会出彩啦。

第二步，让我们把你眼中看到的一切事物变得更丰富吧！春天的油菜花那么美，绝对不是一句“好漂亮啊”就能说完的。你可以用一些比喻去形容它，写一写它带给人的心情感受……写其他的事物也一样，不要一句没味道的话就完事了，动用你所有的感官去细细描述它，去挖掘你内心最深处最真实的感受。

最后的法宝，就是要勤练笔了。所以说，我很支持你们写小说，因为写你们感兴趣的文字，你们才会有源源不断的动力去写，这就是练笔的过程。除了小说，你还可以写点其他的，写日记当然最好了，写一些你内心感触的文字片段也可以，练笔没有限制，你想怎么写都可以！

写作才华并不会由神仙凭空带来，它需要用心，以及付出行动去努力。要知道，很多阳光家族的小作家，在发表作品之前，都有过 N 次被淘汰的经历呢！

也许,有天赋会让人走捷径,但你一定要相信:勤能补拙。

成长故事袋

有一个小伙子，其貌不扬，成绩还很差。上大学后的第一个学期，他基本门门学科都不及格。大学一年级结束的时候，这个小伙子果然不出所有同学和老师所料，考了全年级倒数第一名。而且，英语更是连续两个学期都不及格，成为大家口中的“英语傻瓜”。

大学二年级上学期快要结束的时候，小伙子已经有多门功课不及格了，导师总是叫他去办公室谈话，说从业几十年，还真没有见过像他这样学习这么差的学生。英语老师更是毫不客气地打击他：“你是我见过最没有学英语天赋的人，现在看来，你要想学好英语，真的比登天还难。”

这个小伙子觉得很丢脸，他告诉自己：“我一定要从这种灰色、没有希望的生活中突围出来。”于是，他选择了英语作为突破口，并且发誓要通过四个月后举行的国家英语四级考试。

大家得知了小伙子的想法后，纷纷劝说他放弃，都说他并没有学习英语的天赋，苦读是没有效果的。可小伙子觉得英语很优美，而他对英语也很感兴趣，他觉得自己能坚持下去。所以小伙子就开始大量做题。由于基础比别人差，一开始音都发不准，十道题更是有八道做错，同学们纷纷嘲笑他。

小伙子觉得很羞愧，但他并没有放弃。他为了能在短时间里进步更快，想到了一种更笨的方法。他心想："既然我没有学习英语的天赋，那么我就用最笨的大声朗读和背诵的方法吧！"

于是，他每天都把做过的英语四级的题目，拿到一个空旷的地方，大声地朗读起来，一遍不够就两遍、三遍……直到他把试卷背熟了为止。

这样的笨方法实行了十几天后，有一次同学听到他念英文的发音，觉得很惊奇："咦，你的英语听上去比以前好了很多，有进步啊！"

说者无意，听者有心。小伙子想："既然这种笨方法能行，那为什么不一直实行下去呢？"于是，他坚持每天带上英语课本、四级考卷去空旷的地方大声地朗读出来。而且，为了防止自己半途而废，小伙子还约了同学互相监督，每天都约好一起去朗读英语。从寒冬一直坚持到了第二年的春天，整整四个月时间，没有一天休息。这期间，还是有很多同学不相信小伙子能在四级考试中脱颖而出。因为他们认为，学校平时的英语考试，小伙子都不及格，更何况是难度更高的四级考试。

可是，四级考试的那天，小伙子只用了五十分钟就答完了试卷。不仅如此，他的成绩还高居全校第二名。与此同时，小伙子经过这四个月的魔鬼背诵和朗读课文，读英语的时候舌头不再僵硬,耳朵不再失灵了,学的不再是“哑巴英语”了。再后来，这个小伙子并没有因为这一次的成功而放松自己，他再接再厉，还开了一个口语培训班。学校里的学生都踊跃报名参加他的培训班，因为大家都觉得，一个考试总是不及格的人，忽然就变成了一个英语高手，这实在是一件奇迹一般的事情。

但每次别人说这是“奇迹”的时候，小伙子总会笑着说：“我身上没有奇迹。我没有天赋，但我会努力，我会为了自己想要的东西而努力奋斗，这就是我成功的秘诀。”

这个小伙子，他没学习英语的天赋，但他有一颗坚持不懈的心。著名的物理学家爱因斯坦也是如此。

童年时期的爱因斯坦显得非常笨拙，一般孩童一岁左右就会说话，可是爱因斯坦到三四岁的时候才学会说话，医生甚至对他的父母说：“你们的孩子有可能是一个智力低下的孩童啊。”

慢慢地，爱因斯坦越长越大，但是脑袋似乎还是那么笨，有一位老师对他的父母说：“你们的孩子看情况以后将会一事无成啊。”学校甚至还勒令爱因斯坦退学，理由是他太笨了。

在爱因斯坦十六岁的时候，他报考了瑞士联邦理工学院，因为成绩太差而名落孙山。所有人都觉得他这辈子都完蛋了，他这辈子都会笨下去了。可是爱因斯坦并不放弃自己，他也并不灰心：既然大家都觉得我笨，那就让笨鸟先飞吧。

他对自己说：“既然你没有学习的天赋，那就不拼天赋，拼努力吧。”

于是，他花费比别人更多的精力和时间去刻苦学习，刻苦钻研。这期间,朋友和老师都不相信这个曾经被断定为"智商低下"的人能够真的成功,能够学有所成。可是,日复一日,年复一年,爱因斯坦从未想过要放弃,他每天都会告诉自己"再努力吧,再努力下去,总会成功的,因为没有人会一步登天"。

最终,他成了杰出的物理学奠基人。

曾经有人问他是怎么成功的。

他写下了一个公式:成功 = 勤奋学习 + 少量的天赋 + 更多的刻苦。

所以说,想要得到什么,就努力坚持下去,汗水不会白流,努力不会白费,时间会给出答案。

有句话说得很好——我们大部分人的努力程度之低,根本就轮不到拼天赋。

成长箴言笔记本

当你真心喜欢一件事时，不要太在意自己是不是有天赋。要知道，努力往往更重要。

每个人都身怀天赋，但如果用会不会爬树的能力来评判一条鱼，它会终其一生以为自己愚蠢。

——［美］爱因斯坦

天赋如同自然花木，要用学习来修剪。

——［英］培根

如果你很有天赋，勤勉会使天赋更加完善；如果你的才能平平，勤勉会补足缺陷。

——［英］雷诺兹

心灵加油站

测测你会为了什么而努力。

你和朋友去爬山，山上花开烂漫、桃红柳绿，一片欣欣向荣的景象。你想把春色带回家中，于是，在山上挖了一棵桃树，种在家中的花园里。你看着它抽出嫩芽、长出树叶，那么，你最希望它能够给你带来什么呢？（　）

A. 在院子里投下一片树荫，好乘凉

B. 枝头结满桃子，硕果累累

C. 花开满树，一树粉红

D. 暂时不清楚

结果分析

选择 A：为亲情而努力。

选择树荫的你，是一个平衡感很好的人，你知道人生在世，哪些事情该努力，哪些事情需要放弃。比如说亲情，对你来说，肯定是人生必需的东西；为了亲情的长久，你会在生活中勤勤恳恳、任劳任怨，无论什么岗位，你都能依靠自己的辛勤获得不错的积蓄。

选择 B：为财富而努力。

选择结满桃子的你，是一个比较现实的人，你目标明确，为了收获而付出，追求财富是你最大的爱好。财富的影响力，在你的脑海中根深蒂固，你热衷追求财富，这也是你奋斗的动力。当然，你所有的努力与付出，肯定会得到相应的回报。

选择 C：为自由而努力。

选择花开满树的你，是一个擅长幻想、喜欢自由自在的人。在你的人生里，自由占据非常重要的地位，为了争取你所向往的自由，你会付出超常的努力。

选择 D：为梦想而努力。

选择 D 项的你，虽然一时没有想法，而实际上，却是最注重内心感受的人。你的想法很多，并且能脚踏实地向着目标前进。但要记住，如果没有足够的毅力，很难做成一件事情哟。

多阅读、多练笔，这是写作的小秘诀哦！

鸟儿快乐吗

任谁都会觉得，晴朗的春季是最适合出游的时节吧。

趁着清明假期，爸妈带我来山上踏青。

没有杜牧诗文里的纷纷雨水，一路走来，阳光落满我的身上，只见山花撒在连绵的山谷里，枝头冒了新绿，石阶上的青苔似乎格外喜欢我的运动鞋，粘在鞋面上，不舍得离开。

终于，我们到达了山巅，几道人影插在峰顶上，清风从我们的脚边缓缓荡开，一望无际的云浪翻滚在连绵的山野间，像是鱼群漫游深海，变化成万千姿态。

虽然这座山不比泰山高，但登临峰顶，俯首也能见江湖之大，天涯之远。书上说“鸢飞戾天者，望峰息心”，然而我的耳畔，鸟儿们仍然清响不断，奋翅高飞。

“它们快乐吗？”我的目光追随着鸟儿徘徊天幕，“天空那么大，它们渺小得不值一提，这样有什么意义呢？”

身旁传来温柔的答复：“我跟你提到过庄子与惠子在濠水之上的那场论辩，‘子非鱼，安知鱼之乐？’我们不是游鱼，怎么会知道它们的情绪呢？也许，对这些鸟儿来说，飞翔就是全部意义吧。”

爸爸说得没错，真实内心总是难以洞悉的。他的这番话勾连出我的忧思来。

我一直是年级翘楚，名列前茅，唯一一次成绩下滑，还是因为我发高烧缺考了一门。

那次的榜首是萧恪。我跟他是青梅竹马，我们两家的父母也是多年的好朋友。

形单影只的我

印度电影《三傻大闹宝莱坞》里有一句话："你的朋友名落孙山，你感觉很糟；你的朋友出类拔萃，你感觉更糟。"说的真是对极了。更何况我们朝夕相处，免不了要被邻居们拿来作比较，一旦他考得比我好，我便在心中暗暗发誓，要变得更加优秀。

别的孩子做白日梦的年纪，我是浸泡在书海里度过的。每当同伴们聚成一群，兴致勃勃地展开讨论时，我完全插不上话。不过没关系，因为她们的话题并不是我所关心的内容。

正当我为一道数学题所困扰，愁眉深锁、满脸凝重时，抬起头，却看见萧恪抱着足球走进教室，脸上挂着灿烂的笑容。

为什么他可以笑得这么开心？

我从来都是形单影只，他却莫名地受欢迎。明明都是班干部，我平时总是为了收作业的问题和同学起争执，可他身旁总是围绕着一大批人。我这个名义上的班长，并不得人心。

我摇摇头，将这些负面情绪扫除。

每到周五，教室的卫生都需要格外注意，我挥动着笤帚，角落里的废纸却怎么都扫不动，直到有人帮我抬起了桌子。

“谢谢！”我抬头一看，是萧恪。

“怎么闷闷不乐的？”虽然是关心的话，但那副懒洋洋的语调真让人不想搭理。

“我问你一个问题啊……你可以不回答！”我咬了咬嘴唇，迟疑地问，“我总是觉得烦躁，是不是我心态不对？”

“你见过春天初开的樱花吗？”

“啊？”

“你观察过水中的锦鲤吗？你知道树木年轮的形状

吗？你在意食物散发出来的香气吗？你耳中的脚步声清脆吗？你觉得阳光和书籍怎样呢？”他抛出一大串没有实际意义的问题。

我撇了撇嘴，并不想回答。

希望变得更优秀

不久，我们迎来了期终考试。我考了年级第一，成绩遥遥领先。反观萧恪，他这回考场失利，却显得十分坦然。见我向他扬了扬手中的试卷，他笑着恭喜我，然后就转身投入了碧草如茵的足球场。

我一直将他视为强劲对手，可是现在我承认，我在意的东西，对萧恪而言不值一提，他总是注视着更美好的世界，那片乐土却对我紧紧锁上了大门。

过年吃年夜饭，亲朋齐聚一堂，谈天说地。

“这个学期有什么收获？”大伯问我。

我像是一台被按下消音键的录音机，半张着嘴，却发不出完整的声响。

我似乎读了很多书，做了很多题，却又一无所获。

这时，我忽然想起萧恪说的那些话来，那一个个问题全部盘旋在脑海。

春天初开的樱花应该是粉嫩的，有果冻的草莓味。

锦鲤在碧绿的水中畅快浮游，像天空中细碎的星星。

年轮是树木的呼啦圈。

食物的香气各异，但都很诱人。

快活的人儿脚步声定会清脆。

至于阳光和书籍，能同时眷顾的话，真是太棒啦。

…………

如果展开双翼便可以翱翔，我想飞去神话中的宫殿，和兔子做游戏，饿了就咬一口月亮，只咬一小口，月亮的残渣应该带着桂花的甜香吧。

不过此刻，疲倦像一张网罩住我，我将自己扔到床上，埋进抱枕里。

学习是一张琴，弦不可以松，但如果绷得太紧，又很容易断，我的生活没有弹性，所以毫无乐趣可言。

妈妈告诉我，生活不必太用力，事后无悔就足够了。

什么时候我才能放下虚名，坐拥真实的快乐？让收获的喜悦充盈身心，而不是成天茫茫然，目光空洞，像一副灵魂干瘪的皮囊。

梁启超先生说，“故今日之责任，不在他人，而全在我少年”，我深以为然，也想通过努力做我力所能及的贡献。

阳光姐姐，我觉得很累，我还会茫然无措，难道是因为我还不够优秀吗？

希望变得更加优秀的颜甜甜

惜呆兔咪圆桌会议

学霸！百分之百的纯血统学霸！
说起话来文采翩翩，连我也要甘拜下风！
而且好有思想觉悟啊，感觉她是为了自己的人生，为了中华之崛起而读书……我这么说会不会太夸张？
原来真的有这种学霸啊，我今天算是见到了。
不过这样真的很累。

思想太有深度看来也不好啊，给自己那么大压力。

还是像我们这样，学也学了，玩也玩了，最开心啦！
可是啊，万一被我爸知道，他肯定要我向人家学习！

NO！我拒绝！我可不想活得这么有包袱。

阳光姐姐的回信

哎呀，颜甜甜，像你这样的孩子，可真是太不多见了！

恐怕那些家有调皮鬼的家长，真是太羡慕你的爸爸妈妈了。因为你绝对不会放任自己、让自己懈怠，你永远不缺学习的动力，也会一直保持优秀。

不过你说自己很累、很茫然，甚至感到一种孤独感。

我想问你，什么是优秀？

是对道理坚信不疑，对学习从不放松，一定要拿到第一名？

这确实是一种优秀，而且你已经做到了。

既然已经如此优秀，那你接下来想做什么？你有没有勾勒过、梦想过自己长大后的生活？你知不知道自己未来会为了什么而欢喜，会因为什么而动力满满、热血十足？

如果你觉得这个问题难以回答，那是因为这些答案，单纯的念书学习，还给不了你。

有些为现实生活奔波的大人说：“人生不只眼前的苟且，还有诗和远方。”

“诗和远方”，就是生活的情趣，是萧恪说的春天初开的樱花、水中的锦鲤、清脆的脚步、食物的香气、阳光和书籍……

生活中有无数美好和乐趣，每个人的欣赏和喜好都不同。比如我喜欢写小说，也会被小孩子们的表情、欢笑和心情所打动，我从心底里热爱儿童的世界；插画师们，热衷于各式颜料，喜欢用画笔描绘出脑海中的画面，永远乐此不疲；证券交易所里的人们，乐于投入地分析那些红红绿绿的线图；科学实验室里，永远有认真的眼睛在精密的仪器间来来回回……

这样的优秀，和成绩单上的优秀相比，是不是更有活力呢？相信我，当你发现了自己所热爱的那份情趣，你就不会再感到寂寞和茫然，你的生活会有无比巨大的意义和快乐。

读书和做题，会让你成为优秀的学生，但这样的优秀，不该是你全部的追求。其实，要我说，成绩优秀只是我们实现梦想、接近理想生活的一趟车，你是要搭上它，去往你真正的目的地，而不是永远在这趟列车上，从车尾走向车头，反反复复。

所以，松一松你的那根弦吧，不妨和萧恪一样，对身边有趣的事情多一些关注和投入，让自己拥有一些简单的快乐。或许，你会找到新的爱好，也会拥有能与人分享的快乐。

成长故事袋

冬夜，阁楼上亮着一盏灯。

苏珊看书看了很久，困意如海潮般向她涌来，正当她伏在桌上准备小小地打一个盹儿时，窗台边忽然出现了一位不速之客。

这位客人踏着飞旋的萤火而来，原来是一头七色鹿，他昂首看着苏珊，双角像珊瑚高耸，闪耀着琉璃一样的华彩。

七色鹿口吐人言："晚上好呀，小苏珊。"

苏珊瞪圆了双眼，难以置信，她用手揉了揉眼睛，然后结结巴巴地说："你……你好！"

"我嗅到了烦恼的味道。"七色鹿问苏珊，"你好像有些不开心？"

"图书馆里的书都快被我看完了，可生活一点儿都不像书上写的那么有意思。"苏珊表示自己已经厌倦了手头上的读物和自己碌碌无为的现状。

七色鹿提议道："既然如此，要不要

跟我出门旅行一趟？”

“好呀！可是……我们没有交通工具啊。”苏珊有些沮丧地说，“我如果带你去坐地铁，他们会把你抓起来送进动物园的。”

七色鹿的神情开始严肃起来，他对苏珊耳语说：“嘘，我有办法。”

“嘘——”苏珊压低了声音，轻手轻脚地离开座位。

“来吧，爬到我背上来，我带你去看不一样的世界。”

苏珊抱住七色鹿细长的脖颈，坐稳后，感觉自己徐徐起飞，风儿正伸出手来编织她亚麻色的长发。

苏珊小心翼翼地向下张望，看见雪白的云朵从脚边溜走，像是棉花糖的糖丝被贪婪的舌头抽进夜的嘴巴里。

穿越层层云海，云屏后藏着一片广袤的星空，这是所有麦田连起来都比拟不了的壮阔，密密的星海像是洒落在暗夜丝绒上的珍珠粉末、水晶碎片。

“我们要去哪里呀，鹿先生？”苏珊满怀期待地发问。

七色鹿耐心地为她解答道：“去巨人的城堡，他似乎遇到了什么烦心事，忧伤的味道比咖啡还浓郁。”

视线中果然出现了一座参天的古堡，城堡两旁有树林在护卫，这里似乎正经历秋风的扫荡，落木萧瑟，枝头挂着金黄的果实。

苏珊从七色鹿的背上翻身落地，脚步轻快得像一只蝴蝶。她之前从没有拜访过巨人，已经迫不及待要敲门问好了。

大门由内缓缓打开，巨人的身影将苏珊和七色鹿覆盖得严严实实。

“有什么事吗？”巨人声如洪钟。

苏珊鼓足勇气询问道：“巨人先生，我们是来帮你实现心愿的！请问你有什么心愿吗？”

“哦，我……你们也看见了，我这方圆几十里的地方生的都是树，直到不久前，风姑娘才带来了一粒花的种子。”巨人的脸涨得通红，“我想和那株花做朋友，想请她来我的城堡坐一坐，又怕自己吓到她，你们能替我邀请她过来吗？”

苏珊抱着巨人托付的花盆，去接那粒种子。

“你一个人住这么大的地方，冬天肯定很冷吧，你如果寂寞，就找我说说话吧。”秋海棠乘坐花盆，来到了巨人的城堡，她好奇地四处打量，“我很乐意做你的朋友。”

苏珊和七色鹿离开巨人的城堡，重新踏上旅程。和煦的日光像是一碗冰糖水泼洒在他们身上。

他们来到一座教堂。钟楼上飘荡着阵阵动人的歌声，水仙花吐露出醉人的芬芳。

有两对新人在堂前举行婚礼，新郎们身着燕尾服，新娘们则穿着白色的纱裙，大大的裙摆如同荷叶招展。他们当中，一对新人已是迟暮之年，而另一对正当青春。

苏珊分别为他们献花，然后轻声问道：“女士们、先生们，你们有什么想完成的心愿吗？”

“给我一道皱纹吧。”年轻的新娘说。

年轻的新郎附和道：“如果能在这一刻老去再好不过了。”

苏珊有些苦恼：“这我可办不到呀。”

七色鹿及时为苏珊解围说：“就让时间给你们答案吧，祝福你们白头偕老。”

“谢谢！”新娘与新郎对视一眼，脸上洋溢着幸福的笑容。

苏珊又把目光转向较为年长的那一对：“那你们是想重获青春吗？”

“不。”新娘出人意料地摇了摇头，“我有些嘴馋了，帮我摘一筐草莓吧。”

这个好办。苏珊和七色鹿协力摘了一筐新鲜的草莓，经过挑选的草莓又大又红。年迈的新郎帮忙洗干净，然后邀请大家一起共享这份美味。

饥饿时，面包可以使人果腹，爱情则令空虚的心灵得到满足。

苏珊往喷泉里抛下一枚银币，泉水清澈，像一条洁净的丝带，缠绕着丘比特的雕塑，七色鹿身旁有白鸽翩翩而来。

又到了告别的时候，旅程仍在继续。

他们漫步在小镇里，看见一位老人正注视夕阳，目光平和。

“乔治爷爷，我们有什么可以为你效劳的吗？”苏珊和七色鹿异口同声地问。他们已经十分默契。

老人慈爱一笑：“好孩子，为我读一首诗吧。”

苏珊接过他递来的诗集，声情并茂地朗诵了起来，她稚嫩的嗓音好似春蚕咀嚼桑叶一般悦耳。

附近的孩子们不知何时拥了过来，他们热情地牵着老人的衣角：“乔治爷爷，咱们来做游戏吧。”

孩子们用巧手为乔治爷爷编织了一束花环，花草衬着乔治爷爷的白发，好似春天的脚步温柔地落在冰河上。

多可爱呀。苏珊觉得，乔治爷爷坐在那里，孩子们围在他身边，这本身就是一首诗。

当我白发苍苍，容颜不再，我眼中的世界又是怎样的呢？

之后，苏珊和七色鹿又结伴去了许多地方。

七色鹿问苏珊：“今天过得有趣吗？”

“真是太好玩了，这是我最棒的旅行。”苏珊开心极了，“原来世界上还有这么多我没有去过的地方，我遇见许多有趣的人，增长了许多见识，生活远比我所在的小镇更大，我所知道的只是大海里的一滴水，仓廪里的一粒粟。”

七色鹿点了点头：“现在你觉得开心，这再好不过了。”

这时，片片雪花带着凉意坠地，像是漫天飞舞的梨花瓣。

“下雪了！”苏珊兴奋得手舞足蹈。

“我一直想要冬日大家可以结伴出来游玩，不再瑟瑟发抖地躲进棉被里；夏天有时能下雪，雪的味道很好，像吃各种口味的冰激凌一样……阿嚏！”苏珊揉揉自己的鼻子，整个人昏昏沉沉的，仿佛脑袋里装满了沉甸甸的铅块，“鹿先生，我好像有些感冒了。”

“你只是太困了，小苏珊。”七色鹿轻声说，“趴在我背上睡一会儿吧，今天玩得实在太累，把你送回房间我就该走了，以后有机会再来找你，好吗？”

视线开始有些模糊，眼前仿佛弥漫着水雾，苏珊喊了一声：“鹿先生！”

她站起身来，碰倒了堆在手边的书。

原来她不小心趴在桌上睡着了，夜风微凉，吹拂着贝壳风铃。

苏珊捧起书本津津有味地读了起来。她已经不再焦躁，因为生活缓慢而长远，就像门前静静流淌的河水。

不知不觉中，指针悄然滑过午夜。苏珊意犹未尽地打了个哈欠，合上书本去洗漱。

虽然书中的世界很有趣，但是已经到该睡觉的时候了。

窗户是玻璃瓶，窗帘是铝箔包装，月光牛奶似的漫在地上。

晚安啦，世界。

成长箴言笔记本

努力学习是人生中必不可少的奋斗，然而当这份奋斗有了目标为羽翼，有了生活为同行的微风，你会更自在地翱翔。

面壁十年图破壁，难酬蹈海亦英雄。

——周恩来

吾生也有涯，而知也无涯，以有涯随无涯，殆已。

——庄子

我们愈是学习，愈觉得自己的贫乏。

——［英］雪莱

天赋如同自然花木，要用学习来修剪。

——［英］培根

心灵加油站

测测你再努力多久就会成功。

1. 同学说要聚会，你喜欢出主意吗？（　）

A. 一般

B. 不喜欢，随大家

C. 喜欢

2. 一本书，你会花多长时间看完？（　）

A. 拖拖拉拉看不完

B. 几个月

C. 一星期

3. 你的暑假作业通常怎样完成？（　）

A. 快开学时，拼命地补写

B. 先玩一个月，后一个月写

C. 有计划地一天写一部分

结果分析　选项A、B、C分别对应2分、1分、0分。

0分或1分：恭喜你，你很快就会接近成功了，因为你很努力，也喜欢树立目标。

2分至4分：再加把油，成功就在彼岸向你招手，切不可半途而废！

5分或6分：你有点懒哟，一定要勤奋努力呀！

确定好目标，再努力奋斗，成功有时候并不是很难。

苦恼来信

成绩下降

阳光姐姐，我是你的资深老读者，我从小学二年级就开始看你的书了，真的特别特别喜欢你的作品！我的书柜里有长长的一排都是你的书呢！

阳光姐姐，第一次读你的书，就感觉你像一个温柔的大姐姐，在给我讲故事。唉，我多希望我的老师像你一样会说故事啊，那样我上课肯定不会走神的。

可是你知道吗，我的老师上课都好严肃，从来不说跟学习无关的事情，更别提什么幽默风趣啦。他们只知道不停地讲课，甚至都不舍得放过课间的十分钟。

在我们班的老师中，英语老师上课是最无聊的！他上课总是放磁带，让我们跟着读课文，然后再把参考书上的语法知识原封不动地抄到黑板上。有什么意思呢？

我从来不在英语课上写别的作业，也一直都是很努力地听课，但是我还是经常走神！原谅我，我也不知道这是为什么！我不想抄老师的板书，因为他都是抄参考书上的啊，我为什么还要抄一遍？那不是浪费时间吗？我也很想上课的时候专心地看参考书，把参考书上的知识点都记在脑子里，但是吧……唉，参考书上的内容也太多了吧，而且很枯燥，我有点儿看不进去啊。

因为以上种种原因，最近我的英语成绩下降得好快。本来，就算是很难的卷子，我都能考到90分以上（因为我从小学三年级就开始学新概念英语了，英语成绩一直挺好的），可是这次小测验我居然只考了84分。

写检讨

妈妈这次真的生气了，她训了我整整一个晚上，还让我写一份检讨，好好认错。我在检讨书里跟妈妈解释，我们现在的英语老师教得好烂，我听不进去。可是妈妈却更加生气了，说我是在找借口，她说，班上只有我的英语成绩下降了这么多，这表明是我自己出了问题。然后她又劈头盖脸地把我骂了一通，说要是我月考再考得这么差，她就要去找老师把我调到第一排，让我整天坐在老师的眼皮底下。

我听到妈妈这么说，真的开始慌了，我可不想坐在第一排啊，那样我都不好意思去上学了！

其实我知道，我不能把错全都怪到老师身上，因为老师以前上课也是这么无聊，但那时候我还是能做到认真听讲的，英语成绩也一直都很好。

可是我最近不知道为什么，就是做不到。我上课的时候，也想记住老师说的知识点，但是我会忍不住走神，会想到之前看的动漫，或者想到小说里面的情节……写作业的时候我也会走神一下，写着写着就想到其他好玩的东西。所以我最近写作业的效率也很低，以前我半个小时就能写完数学作业，现在花一个多小时都写不完。而且我感觉现在的数学作业真的变难了，好多大题我都不会做。

数学老师上次已经在班上很严肃地提到作业问题了，她说最近班上有同学作业写得很不认真，大题都空着，都不动脑子去思考，还说再这样下去就要单独谈话了。

我感觉数学老师说的人就是我，我当时都不敢抬头看老师，坐在座位上紧张得很，感觉脸涨得通红。

怎样静下心

让我头疼的还有语文。我是语文课代表，语文本来是我的特长，我每次稍微用功一点点就能考得很好。可是现在我不知道为什么，明明花了好多时间，可就是感觉记不住，脑子变得好迟钝。这段时间我的语文听写和默写也错了好多，下个星期就要月考了，我真担心我考不好会被我妈骂。

前几天，我开始思考，为什么这个学期我变成这样了？我原来是很认真的，上课很少走神，写作业也很认真。虽然以前也看动漫和电视剧，可是看完了我就不会去想了，还是会认真学习，但是现在，我为什么总是忍不住去想呢？

其实我每次静下心来的时候还是很认真的，可是坚持不了多久，就又静不下心了。现在我真想回到暑假，下午可以去姐姐家跟姐姐一起学习，要是有不会的作业，她都会很耐心地教我。等做完了作业，我们就可以一边吃冰激凌，一边躺在沙发上看动漫、看电视剧……

可是现在没人教我写作业了，爸爸妈妈总是要我自己思考，不告诉我怎么写。但是有的作业我真的不会啊，这个学期的作业真的比以前难了好多啊。

而且我心里老是想玩，遇到不会写的题目我也懒得去查资料，所以那些难题拖到最后，我还是不会。我不知道怎么样才能克制住玩的想法，我感觉暑假以后我整个人都变了，开学到现在都没什么动力。我真希望我能静下心来，像原来一样，每天认真听课，认真写作业。

阳光姐姐，我该怎么办啊，我现在开始改还来得及吗？

你有没有什么办法能让我静下心来？或者有没有什么好的学习方法？我真的不知道该怎么办了……我想在月考之前赶紧回归正常状态，这次要是考不好，我就真的完蛋了……

阳光姐姐，拜托，快给我出个主意吧！

焦急等待回信的小榆

惜呆兔咪
圆桌会议
这个问题，感觉真的很常见哪……我之前有段时间就经常走神。有天上课，老师喊我回答问题，我都不知道老师问的是什么，而且阿呆还不提醒我！好丢脸！
才不是我不提醒你呢！其实是……我当时也在走神……
我晕，你们俩真是太厉害了！上课都能双双走神！
哈！我有个办法，听说上课的时候，一直盯着老师的眼睛，就不会走神哦！
怎么可能！我觉得这样被叫起来回答问题的概率更大吧！
我觉得吧，专心做一件事情的时候，是不会走神的，你们肯定是不够专心！

对呀，每次妈妈说写完作业就让我看电视，那时我脑子里好像都只有题目，写作业都超级快的！
可是不可能每天都有这样的好事吧？
也是哦……平时要怎么样才能很专心、很快地做完一件事情呢？
这个复杂的问题，我是回答不上来了，还是请出我们的阳光姐姐吧！

阳光姐姐的回信

哈哈哈，对无数学生、家长来说，这绝对是排名 No.1 的重要问题啊。

小榆同学，看来你确实得好好收收心啦！你的专注力越来越差，这真是个不可小觑的危险信号。

你的爱好是看动漫和电视剧，最好还能边吃边享受，听起来是很爽，可是请注意：这些放松方式，完全不需要专注力，长此以往，你会越来越习惯这种懒汉式的惬意！

学习确实不能完全依赖老师，从你感慨最深的英语开始说起吧——英语老师不太会教，那么你需要学会的，就是从老师的教学里抓住“重点”。既然没办法把老师说的知识全听进去，那么，挑新知识、重要的知识点听，总没问题吧？

另外，你还可以培养自己的兴趣，让英语变得好玩起来。比如，有的英语参考书做得十分多彩可爱，知识点清晰、配图有趣，买这样的参考书会让你更愿意去学习。再比如，你可以多看喜欢的英文电影、动画，多听好听的英文歌，让英语语感渗透进轻松的日常。

至于专注力的培养，这是个难题。

首先，当你发现自己不专心时，不要只顾着责备自己，不如拿出行动，在接下来的时间里努力做到更加专注吧！

在家里自己学习时，你可以试着专注 25 分钟——放松 5 分钟——再专注 25 分钟……以此类推。这叫“番茄工作法”，你有兴趣可以了解一下。这样分配你的时间，要想做到专心，应该不是很难吧？

另外，平时的休闲项目，你可以选择一些需要专注力的事，例如看书、写日记、画画、拼图，甚至过家家都需要一定的专注力呢。这些都比瘫在沙发上，放空大脑看电视要有益得多呀。请试着让自己的课外生活丰富起来吧。

经过一段时间的恢复，希望你能变回那个专心的你哟。如果再遇到想破头皮也想不出答案的难题，可以和朋友讨论讨论，或者到网上查一查资料，这总比任由它空在那里好，对不对？而且，攻克难题就像游戏里挑战大 Boss 一样，说不定会有意想不到的收获呢。

成长故事袋

雷恩出生在最贫穷的地方，在他八岁的时候，就随父母移民到了美国。刚到美国时，他感到非常不适应，因为他对英语一窍不通，在课堂上什么都听不懂。但是雷恩很快就调整了自己的状态，凭着一股韧劲，抓紧点滴时间疯狂地学习英语，很快克服了语言障碍，并通过努力学习，考进了著名的哈佛大学商学院。毕业后，他顺利进入美国银行，并担任高级副总裁。他全身心投入工作，有着突出的表现。他之所以取得如此高的成就，与他本人的高效率紧密相关。

曾经有一次，雷恩要接受一个电视台的采访，他一向守时，这次依然提前了一个多小时来到了演播室。可是，就在各项采访工作准备就绪，即将开始采访时，雷恩却突然提出要去演播室外面透透气。

左等右等，雷恩还没有回来，这让电

视台的工作人员感到疑惑。因为雷恩一向非常严谨，在采访前，他总是坐在演播室里认真准备接下来的采访。现在采访快开始了，雷恩还在演播室外面站着，他们猜测雷恩是不是遇到了什么棘手的事情。就在工作人员准备向雷恩的助手询问情况时，雷恩满面笑容地走进了演播室，和工作人员一一打了招呼，然后微笑着和主持人一起坐了下来。

刚坐下来，雷恩就向主持人表达歉意："抱歉，让您久等了！"主持人感到很惊讶，因为他没想到雷恩身居要职却这么谦虚，连忙说没关系。

雷恩握了握主持人的手表示感谢，然后向他解释道："我刚才离开演播室是因为觉得自己的状态没有调整好，还没有达到我的最佳状态，所以我利用刚才的时间，让自己放松一下，找回状态。不好意思，让你们久等了！"

主持人听了他的这番话，向他摆摆手说："这没什么，距离采访开始还有十几分钟。不过我很好奇，你也会有状态不好的时候吗？"

雷恩笑着说："没错，虽然我平时展现出来的都是精力充沛的一面，但是我也会经常感到疲惫不堪。其实啊，这很正常，我们不是每时每刻都能保持最佳状态，事实上，每个人的状态都时好时坏，就像起伏的波浪。状态不好时并不可怕，我们应该学会释放压力，进行自我调节。”

主持人好奇地问雷恩：“那您觉得这种自我调节有明显的效果吗？”

雷恩认真地点了点头：“我觉得好的状态是非常重要的，它会给我们带来高效率。就像我们在与他人交流的过程中，应该保持头脑清醒，懂得什么时候该说话和该说什么样的话，而不是想说什么就说什么，口无遮拦。我们在工作的时候也是这样，要知道什么时间该做什么样的事情，并且学会用最少的精力去做最多的事情。总之，我觉得效率比傻干更重要！”

主持人对于这点非常同意，他一边连连点头，一边说：“所以你刚才去调整状态，是为了更好地完成接下来的采访？”

雷恩笑着说：“没错，如果我在与你交谈的过程中，呈现的是一种低迷的状态，我觉得这是对你的不尊重，而且这次采访的质量也远远达不到预期目标。”

主持人再次被雷恩的人格魅力征服了，他坚信接下来的采访一定会非常精彩。

在那天采访的过程中，主持人问了雷恩很多热点问题，其中不乏一些尖锐的提问，而雷恩处理得游刃有余，对每个问题都能给出精辟、独到的回答。

采访工作顺利结束，在场的每位工作人员都对雷恩的智慧赞不绝口，他们感慨地说道："这样懂得高效率做事的人，获得怎样的成就都不足为奇！"

雷恩用自己的智慧连创佳绩，而他的高效率，正是他成功的秘诀。

雷恩的经历告诉我们，好的状态并不总是伴随着我们，有的时候，我们难免陷入低迷，容易感觉疲惫，失去动力。其实，在这种情况下，我们应该学会调整自己的状态。感觉压力很大，状态不好时，不如让自己先放松一下，把状态调整好再开始。一旦状态调整好了，效率也会更高。

成长箴言笔记本

保持一个良好的状态，快乐地完成每件事，会发现事情能做得又快又好！

培育能力的事必须持续不断地去做，又必须随时改善学习方法，提高学习效率，才会成功。

——叶圣陶

效率是做好工作的灵魂。

——［英］切斯特菲尔德

在今天和明天之间，有一段很长的时间；趁你还有精神的时候，学习迅速地办事。

——［德］歌德

心灵加油站

测测你平时做事情的效率如何。

1. 同学们将要来你家玩，但你家里乱得很，你会（　）。

A. 到最后关头才稍稍整理

B. 保持原样

C. 空出一天来进行整理

2. 你想办一个特别的生日聚会，但是很多朋友的住处离你很远，你会（　）。

A. 索性作罢

B. 先确定朋友是否参加，最后再告诉地点

C. 提前一个月通知，好让别人有准备

3. 妈妈给你报了一门可以提高成绩却要花费大量钱财和精力的课程，你会（　）。

A. 报名了就去上，但却无法坚持下去

B. 心中很想上，但是觉得面对的困难太多还是放弃

C. 觉得不如出去旅游更有意义

结果分析　选项 A、B、C 分别对应 2 分、1 分、0 分。

0 分或 1 分：你平时做事情很有规划，并且效率特别高，基本上每件事都有条不紊。

2 分至 4 分：你做事情有点拖拉，不太喜欢确立目标，但平时不会耽误事情。

5 分或 6 分：哎呀！你的拖延症很严重，并且做事情没有任何规划，总是匆匆忙忙地完成。

高效率学习，关键在于制订明确计划、专注执行、合理管理时间并适时调整学习策略。

我是“别人家的孩子”

三年级的时候，我被任命为班上的学习委员，成了家长口中的“别人家的孩子”。

可是，在我的心目中，班花徐月言会跳舞，舞姿翩翩，神情像极了一只优雅的天鹅；班长曹杰能写一手好字，上次还代表班级拿了书法比赛的大奖呢。我反倒觉得有些自卑了，因为我除了成绩，好像也没什么优秀的地方了。

上个周末，我跟闺蜜宋梅梅约好一起出去玩，她却迟迟没来。

星期一，我问她原因，她解释说：“我妈

说你肯定忙着学习，叫我不要过去打扰你。”

唉，才没有呢，我明明是苦苦等着她来我家跟我一起出门哪。

“没事，下次我去你家约你，这样你妈妈就不会说什么了吧。”我对她说。

“还是不要了。”梅梅显得更加沮丧，“你成绩那么好，还来找我玩，回头我妈肯定又要拿你做例子，‘你看人家方玲！出去玩都不耽误成绩，哪像你！’”

我只好打消了这个念头：“那好吧……”

英语课上，老师点名批评了几个成绩退步的学生，课堂上的气氛有些凝重。

课后我摊开试卷，正整理错题，班花徐月言从我身旁路过，忍不住开口问我：“方玲，你每次都当第一名，是有什么独家的学习方法吗？你偷偷教教我呗，我保证不会跟别人透露的。”

我认真想了想，回答说：“上课认真听，做笔记，考完巩固不会的知识点，及时复习就好。”

“你就是这样考的高分？”她满脸不相信。

徐月言的挑衅

我被她的表情刺伤了，不知道该说什么好。

她看我支支吾吾的模样，很生气，扭头就走：“不愿意说就算了。”

唉，可是学习又不是练武功，哪有什么独门秘籍啊？不就是认真听讲、认真消化知识、及时巩固复习嘛！

接下来的体育课，老师临时有事，于是安排我们自由活动，大家像小鸟一样，呼啦一下飞到操场的四面八方去了。

我围着操场慢悠悠地走着。

“方玲又是第一名呢。”

“当然啦，人家可是老师的孩子，考好是应该的。”

“徐月言的爸爸不也是老师吗，成绩也没有多好呀。方玲在家肯定特别努力吧。”

“听说她都不怎么出去玩。”

“啊，该不是学傻了吧？”

“嘘，小声点，她在后面呢……”

窃窃私语的她们这才发现我，于是结伴快步去了学校里面的小超市。

这时，有人从我右手边跑过去，脚步沉重，喘息急促，似乎在发泄什么。

我定睛一看，原来是徐月言。

“你别难受，这次只是失误，下回一定会有进步的。”月言既聪明又努力，我见她不开心的样子，快步追上她，想要鼓励她。

谁知她忽然停下脚步，质问我：“你不要来炫耀！你是不是想看我笑话？”

“我没有，我刚才说的都是真心话。”我不知道该如何解释。

“我只不过是考差了这一回而已！”徐月言傲慢地咬着嘴唇，“你别太得意。”说完，只留给我一个远去的背影。

流言传得快

我很快就忘记了这件事，直到这天吃午饭的时候。

“玲玲，你是不是跟徐月言闹翻了？”梅梅看了一下周围，小声问我。

“没有吧……”我心虚地说，“怎么啦？”

“我听别人说，她在背地里讲你坏话呢。”

“她……她都说什么了？”我的心像石头掉进井里，扑通一沉。

“那我告诉你，你别生气啊。”

“嗯。”我点了点头。

梅梅一面观察我的反应，一面慢吞吞地说：“她说你平时在学校里装得不在意成绩，其实回家经常熬夜到很晚。还说你特别小气，上次她考差了，你还专门到她面前去炫耀！真是瞎说，你根本不是这种人，她怎么能造谣呢！”梅梅腮帮子气鼓鼓的，活像一只吞了坚果的小松鼠。我哭笑不得。

“算了吧梅梅，只要你相信我就好啦。”

话虽如此，原本很喜欢吃的土豆烧肉，在我嘴里忽然变得寡淡无味起来。

难怪我跟她打招呼，她都不理睬我，喜欢围绕在她身边的女生们也不跟我一起玩了。

只是这件事情，不知怎么就传到了班主任的耳朵里，趁着美术课下课，她把我和徐月言喊到她的办公室里谈心。

如果世上有魔法

“你们俩都是老师很看重的学生，有什么误会当面解释清楚，老师帮你们评评理好不好？”

“没事呀，陈老师，都是别人瞎传的，我跟方玲就是因为学习上的一点儿小问题，起了争执。”徐月言抢先说道。

“我……”我不知道说什么好了。

班主任用求证的目光看向我。办公室里还坐着其他老师，我也不想被别人围观看热闹，于是违心地说：“是啊。”

班主任顿时放下心来：“既然只是一点儿小摩擦，你们就在这里握手言和好吗？”

这时，上课铃打响了，班主任怕耽误我们上课，就让我们赶快回教室。

“没想到你是这种打小报告的人。”徐月言冷冷地从我身边走过去，回到了自己的座位上。

我还想解释什么，语文老师已经踏进教室，我只好把话吞回了肚子里。

唉，你知道吗，做一名好学生实在太累了，不仅要学习自己的功课，还有这么多学习之外的烦恼困扰着我。我最近在读一本外国小说，男主人公哈利·波特在十一岁时，收到了猫头鹰的来信，要他去上魔法学校。唉，如果世界上真的有魔法就好了，我就把自己变成一把扫帚，天天打扫落叶，不也很愉快吗？

阳光姐姐，我最爱看你的书了，你能告诉我，我该怎么办吗？

期待回信的方玲

惜呆兔咪
圆桌会议
兔子
咪咪
阿呆
来，我们采访一下兔子——你也是学霸，你有这样的烦恼吗？
我是个爱玩的学霸，我好像没这么孤独吧！
怎么爱玩还能当学霸？你是不是有什么独家秘籍？
咦，咪咪，你怎么跟徐月言说一样的话啊？

哎呀！我真是要替方玲打抱不平了！她说的没错啊！认真听讲、认真消化、及时复习……听起来很简单，真正能做好的人有几个？
是哦……我上课就老是走神，有时候还打瞌睡呢……
我只有考试之前才复习，怎么，你们学霸天天复习？
我每天都会回顾一遍当天的新知识啊，这叫巩固！所以说，学霸哪有什么秘籍，就是认真而已！
而且我觉得学霸可能智商就是比我们高……
有可能哦！

阳光姐姐的回信

我小时候也是个学霸呢！而且我真的很爱学习，连放假都自觉地看书、做作业！所以，我也是个“别人家的孩子”——大人们总是指着我，教育自家的调皮鬼。

每个人感兴趣的事情不一样，有人爱画画，有人爱运动，有人爱手工……为什么不能爱学习？爱学习就是异类吗？

经常有孩子来信抱怨，说因为自己成绩好，所以同学们都不爱跟她玩。更奇怪的是，明明她很希望融入大家，可是其他人却想当然地说：“她是学霸！肯定不想跟我们玩的，人家只想学习。”明明她并不高傲，可是其他人又想当然地觉得：“她成绩那么好，肯定瞧不起我们咯！”只要她考得好，大家就说：“有什么了不起的，高傲个什么劲儿嘛。”只要她考试成绩稍微差了点儿，大家又要说：“哇，学霸也会发挥失常啊！”

问题是，她的内心根本就不是大家说的这样啊。

这真是太悲惨了——很多优秀的人，都是孤独的。

而造成这种孤独的，往往不是他们自己，而是身边的人。

换句话说，可能就是现在正读到这里的每一个人。误解会带来伤害，希望每一个人都不要因为别人过于优秀，就将对方划入对立的阵营，更不要想当然地将对方的内心“丑化”。

而对于你这样的学霸，我也想说：请做最真实的自己吧。将你的活泼内心展露出来，把你的心里话说出来，不要害怕，主动和别人交流。一旦你自己卸下了“学霸包袱”，大家会感受到你的友好，会看清你的真实为人。希望有一天，你不再孤独。

嗯，没错，优秀的你，说不定有一天，就会收获一个不会误解你，和你一样优秀的好朋友呢。

成长故事袋

一座富丽堂皇的宫殿伫立在高高的山上，宫殿里住着老国王、小王子和仆从们。

有一天，小王子在回宫殿的路上，遇见了一株他从未见过的植物。

枝条柔韧，叶片翠绿，贪婪沐浴着春晖，长势喜人。

小王子觉得，她一定是乔木品种，说不定日后手摘星辰，群鸟立在她身上傲视云霄。

哇，那真是了不得的奇景。

“嘿，你真好看……”小王子向她打招呼，并称赞了她。

正晒太阳的小木懒洋洋地瞄了一眼这个矮个子的陌生人。

小木想，我是灌木系的，怎么会有直入云霄的那天，他一直强调，是在讥讽我长不高吗，可这又关他什么事。

小木决定不理睬他。

小王子见小木在闭目养神，就猜测道："你是不是要休息了？那我明天再来看你。"

小王子回到宫殿里，对正在看书的老国王说："我今天遇到了一个树精。"

"你有跟她交朋友吗？"老国王问他。

"还没有。"小王子显得有些害羞，"她很腼腆，不怎么开口说话，我明天带点礼物去看她，她会喜欢我吧。"

老国王笑而不语。

"你好，我给你带礼物来了。"小王子摊开手掌，掌心躺着一只有着圆斑点的蝴蝶结。

什么品味，别碰我。小木很抗拒他的亲密，毫不知情的小王子却乐此不疲。

终于，小木忍无可忍。

"够了，你这个蠢家伙。"她从未这样严厉地训斥过一个人，"把你的榆木脑袋挪开。"

"你……你不喜欢我的礼物吗？"小王子摸着蝴蝶结，

心里像被松针扎过一般。

小木认真地回答他：“何止，我连你整个人都不喜欢，希望你以后不要再出现在我面前。”

这可真是很伤人的话。

小王子有些为难：“可是，这里是我回宫殿的必经之路呀。”

“你是说我妨碍到你了？”

“我……我……我不是这个意思。”小王子结结巴巴地向小木解释道。

“总之你别跟我说话。”小木转过头去。

小王子在附近徘徊了一阵后，失意地回到宫殿。他坐在宫殿前的山石上望了一会儿云朵，看浮云在青天上飘来荡去。

“父王，一个人只是好好地生活着，为什么会被讨厌呢？”吃饭的时候，小王子问老国王。

老国王看着一反常态的小王子，慈爱地摸了摸他的小光头。

“你从小在宫殿里长大，有些孩子睡在田野的臂弯里，有的向往高楼大厦，每个生命都有自己的生长背景，你遇见的那棵小树，她有着与你截然不同的心事，产生误会，不能相互理解，不是再正常不过吗？”

小王子想了想，似懂非懂。他歪着脑袋问：“那，父王觉得我可爱吗？”

“在为父心目中，你是最可爱的。”老国王接着说，“如果你听到以貌取人的恶语，不要在意，你的心是个很大的口袋，能装下许多乐事，它们会像糖果甜到人的心头，这口袋自然也能放进苦难，并可以把痛苦的回忆酿成一壶好酒。”

老国王和小王子边喝茶边聊天，度过了一个清闲的夜晚。

后来，老国王太老了，老得像一棵云中的古松，在某天清晨悄然去世。

小王子帮他披上新装，在仆从的帮助下，一路从宫殿送到山下。走在山前，小王子望了一眼小木的方向，然后踮着脚回到清冷的宫殿中。

这天黄昏，小王子独自敲响了宫殿里的暮钟。清音远播，传到许许多多他看不见的地方。

再后来，小王子长成为一位眉清目秀的青年，他继承了老国王的衣钵，当上了宫殿里的国王。

有一天，小王子独自一人下山，他途经一条羊肠小道，路旁生长着绵延的灌木林，郁郁葱葱，远远望去像一块浑然的翡翠。

我不了解她，却擅自向她许下凌云的愿望。小王子忽然明白了那些前尘过往。

“是你吗？”他听见有个声音小心翼翼地询问他。

他知道那是谁。

“是我。”小王子舒了一口气，轻轻答道。

“哦，真的是你呀，我那时……那样说你，我以为你不会再来了。”

小王子愉快地笑了起来：“好久不见，你长得更好看了。”

“现在我有点儿喜欢你啦。”小木说，“我一直在想，如果你能偶尔路过这里就好了，我想跟你道歉，为我的恶言相向。”

小王子笑而不语。

“现在我整天忙着把根茎深埋进土壤里，吸吮雨露，你也有自己的事情要做吧。”

他们在日暮中分别。小王子回到了宫殿，开始处理国家的公务。小木则枕着月光进入了梦乡，她的树叶在晚风吹拂下发出沙沙的轻响。

或许你也恋上一朵玫瑰，想把她带回家，养在巧克力色的花盆里，可她刺伤了你的手指。对于那朵玫瑰来说，她有更适宜她生长的土壤。那么你继续过自己的生活，你会遇到更适合你的花儿。

或许乌云招来雨滴打湿了你的衣裳，你抱怨说：“雨真讨厌。”但就在你看不见的地方，禾苗畅快地喝着雨水，它们感激这场雨为它们带来生机。你不喜欢的事物，也许恰好是他人需要的。

如果雨一定要下，如果你一定会碰到不喜欢的事物，就为你的心撑开一把雨伞吧，像小王子那样，摸摸自己的小脑袋，告诉自己：我还是很可爱的嘛。

每个人都是陈列在生命橱窗里的一本书：有人浅薄，有人深邃，有人匆匆搁下笔，有人絮絮叨叨说个不停，成长似乎是一个只属于你自己的故事。

但你不要过于担心，有一天，也会有人一眼在琳琅满目的图书中找到你，仔细鉴赏，认真翻阅，并且露出会心的笑容来。

成长箴言笔记本

面对误解，我们需要拿出行动，证明自己的本心。这确实伴随着痛苦，却是不可避免的。

真正的友谊无论从正反看都应该是一样的，不可能从前面看是蔷薇，而从反面看是刺。

——［德］吕克特

友谊是一棵可以庇荫的树。

——［英］柯尔律治

任何值得去的地方都没有捷径。

——［美］贝弗利·希尔斯

世界上只有一种英雄主义：看到世界的本来面目，并热爱它。

——［法］罗曼·罗兰

心灵加油站

1. 听到“大雪封山”，你第一个会想到（ ）。

A. 这是在说哪部电视剧的场景

B. 车辆不能进出了

2. 很久没有吃过的美食，会想要一次吃到撑吗？（ ）

A. 是的

B. 偶尔会

3. 你喜欢在看书之前就先了解故事情节吗？（ ）

A. 喜欢

B. 不确定

结果分析

第一题：测试你在被人误会时的冷静程度。选 A 说明你特别冷静；选 B 说明你很紧张。

第二题：测试你容易被人误会吗。选 A 说明你很容易被人误会；选 B 说明你不太被人误会。

第三题：测试你会因为什么被人误会。选 A 会让你的朋友误会你容易忘记老朋友；选 B 会让人误会你是个犹豫不决的人。

遇到误会，只要冷静解释，就能还原事情的真相哟！